Cuidarme bien
Quererte mejor

DESIRÉE LLAMAS

Cuidarme bien Quererte mejor

Aprende a relacionarte de manera sana y responsable

Grijalbo

Primera edición: mayo de 2023

© 2023, Desirée Llamas Díaz
© 2023, Penguin Random House Grupo Editorial, S. A. U.
Travessera de Gràcia, 47-49. 08021 Barcelona
© Freepik por la ilustración de la p. 108

Printed in Spain – Impreso en España

ISBN: 978-84-253-6359-7
Depósito legal: B-4.220-2023

Compuesto en Pleca Digital, S. L. U.

Impreso en Black Print CPI Ibérica
Sant Andreu de la Barca (Barcelona)

GR 6 3 5 9 7

A mi familia y mis amistades,
por cuidarme bien y quererme mejor

Índice

Prólogo

¿Qué es una relación sana? ¿Y una relación tóxica? ¿Nos están manipulando? ¿Manipulamos nosotros? ¿Podemos comunicarnos sin hacer daño a las personas que queremos? ¿Dónde ponemos los límites? ¿Sabemos escuchar activamente?

Estas preguntas son solo una breve muestra de las dudas que materializan nuestras angustias actuales. En un mundo con herramientas que facilitan tanto la hipercomunicación y, con ello, la multiplicación de relaciones interpersonales, es inevitable que surjan cuestiones en torno a cómo nos vinculamos. Si bien es cierto que la complejidad de las relaciones humanas ha sido una preocupación constante de todas las generaciones, no hay duda de que la facilidad para conocer a tantas personas lleva consigo la dificultad de elegir bien con quién intimamos y de qué forma lo hacemos. No tenemos ya (al menos en occidente) tantos límites externos a la hora de crear vínculos, y además contamos con la tecnología necesaria para expandirlos o solidificarlos a nuestro antojo. Nunca ha habido tanta libertad para estar con quien queremos estar y, por ende, tanta necesidad de saber con quién queremos estar y qué hacer para conseguirlo.

Este libro no es «solo» un libro de psicología; es ante todo un intento de hacernos mejores personas, aunque para ello debamos identificar y corregir las conductas, propias o ajenas, que nos atan y atan a otros, aprender a reconstruirnos y repensarnos continuamente, o ser capaces de ser tan críticos con nosotros como lo somos con los demás. A desencadenarnos sin encadenar a nadie. A amar con libertad o, dicho de otra forma, a amar.

Mi relación con la psicología se puede calificar de problemática. Desde mi procedencia humanística, la psicología me parecía una ciencia que se había apropiado de los grandes temas que siempre habían pertenecido al ámbito filosófico. No tuvimos demasiada conexión hasta hace unos dos años, cuando conocí a Desirée, la autora de este libro. Pese a que conservo ciertos prejuicios, la influencia que tuvo en mi modo de entender las relaciones y sus múltiples aristas cambió mi perspectiva para siempre. Comprendí que su preocupación —la de la psicología y la de ella— sobre las relaciones humanas y sus consecuencias era genuina, que de verdad intentaba hacernos mejores personas. Lo que pretendo expresar es que, con independencia de nuestras vivencias, profesiones y opiniones, en el libro que te dispones a leer, si estás dispuesto a escuchar —activamente—, sentirás también que eres escuchado. Que no es solo un libro, es un diálogo con lo que somos y lo que no queremos ser. Porque, al igual que su autora, *Cuidarme bien. Quererte mejor* trasciende su origen y se revela como una sincera declaración de amor a nosotros mismos y a aquellos que queremos o queremos querer.

Antes de que empieces a adentrarte en los infinitos recovecos de las relaciones, permíteme avisarte de lo que está por venir, si es que no lo sabes ya. A lo largo de estas páginas te darás cuenta de que muchas concepciones que tenías son confrontadas. Puede que te enojes (no te preocupes, a mí también me ocurrió), pero, si sigues leyendo, una vez que amaine el enfado descubrirás que el berrinche es parte lógica de un proceso de cambio urgente. Es clave una perspectiva feminista que desmitifique de una vez el amor romántico —que no es lo uno ni lo otro— y sus nefastas consecuencias en las relaciones. El amor, sea del tipo que sea, tiene formas de expresión más sanas. En mi caso, conforme fui avanzando en la lectura me replanteé mi idea sobre el amor y llegué a ciertas conclusiones que espero que compartas al final del texto.

El amor no es la aceptación incondicional, es la aceptación incondicional de la libertad del otro; es anhelar la felicidad de la otra persona por encima de anhelar su pertenencia. El amor sin condiciones es la antesala del odio; el amor es hijo de las condiciones previas a su existencia. El amor es la dignidad compartida; defender con igual vehemencia tu dignidad y la mía; entender que si dañamos al otro nos dañamos también a nosotros mismos. El amor, en tanto es amor, tiene que ser ajeno y propio; no es tú y yo ni yo y tú: somos nosotros. El amor es sacrificio siempre que lo sacrificado no sea el amor propio. El amor es la confianza depositada y el compromiso de conservar la confianza intacta; no es dar sin esperar recibir, es dar y recibir sin llevar la cuenta. El amor no es resistencia; quien más te quiere te hará llorar, sí, de alegría. El amor de verdad no se destruye, se transforma. O lo que es lo mismo, el amor es cuidarse bien y quererte mejor.

PABLO DÍAZ TENA,
periodista cultural

Introducción

Siempre me han interesado mucho las relaciones interpersonales. Recuerdo que, de pequeña, estaba atenta a cualquier discusión que se produjera en la calle o entre mis círculos, y pensaba: «¿Por qué se pelea la gente?». A veces observaba las disputas con morbo y otras con ansiedad. Como cualquier niña, pronto empecé a darme cuenta de las consecuencias que mi comportamiento podía tener sobre el resto, y entendí que, cuando se enfadaba Melania, necesitaba espacio y que, cuando lo hacía Claudia, tenía que hablarlo. Si abrumaba a Melania, se enfadaría más, pero si pasaba de Claudia sería difícil convencerla de que volviese a ser mi amiga. Las relaciones me parecían complejas, pero me fascinaban cuando sabía entenderlas. Sin embargo, por alguna razón, dejé de hacerlo.

Era una buena alumna, pero mi preadolescencia fue rebelde. Buscaba a toda costa el reconocimiento de Susana, mi maestra de primaria, y no se me ocurría otra forma de conseguirlo que llamando su atención con respuestas imprudentes. Supongo que necesitaba su cariño, pero yo ya era mayor para estar todo el día a su lado, como el año anterior. En realidad, admiraba muchísimo a Susana; sin embargo, con mi actitud solo conseguía alejarla y frustrarme cada vez más. Hacia final de curso entendí que las personas no pueden leerme la mente y me disculpé por mi comportamiento.

Esto me hizo reflexionar y entrar en el instituto con otra mentalidad. Empecé a relacionarme de forma más sincera con lo que sentía, lo cual repercutió para bien tanto en mi familia como en mis amistades. Aunque no puedo negar que fue un proceso de autoconocimiento largo y duro... Como sabes, la adolescencia golpea fuerte, y eso lo sabe bien mi padre, con el que tuve la mayoría de los enfrentamientos.

Años más tarde descubrí la psicología. Por suerte, me iba bien en los estudios, en gran parte porque estaba atenta en clase. Siempre escuchaba la lección con atención; sabía que eso era inteligente y que, si comprendía lo que decía, casi no tendría que estudiar. Así que escuchar se me daba bastante bien. Mis amistades y familiares también lo notaban. Confiando en el criterio de quienes me rodeaban, y con la intención de satisfacer mi curiosidad sobre el comportamiento humano, acepté mi vocación como psicóloga. Y no me equivoqué, ni tampoco se equivocaron.

Hoy trabajo en la universidad en la que me gradué como profesora e investigadora gracias a un contrato predoctoral. He tenido la suerte de combinar la terapia con mi trabajo de investigación. Me preocupan diferentes temas sociales y políticos. Soy feminista, defensora de cualquier derecho humano y me considero una persona en constante cambio y aprendizaje.

En el pasado estudié diferentes posgrados para entender al ser humano en la mayoría de sus facetas: familiar, en pareja, individual, sexual, etc. Los valores y el contexto son dos ejes muy importantes en mi enfoque terapéutico, y uno de los aspectos fundamentales del contexto son las relaciones, cruciales para nuestro bienestar psicológico y físico, sobre todo cuando son íntimas. Lo he podido comprobar muchas veces en terapia, en textos científicos y en mi propia vida.

En el ámbito de la salud mental, cuando se habla de relaciones íntimas nos referimos a aquellas en las que el vínculo es estrecho y se ha construido una relación de confianza. No tiene nada que ver con el acto sexual. Mantenemos relaciones íntimas con las amigas, con la familia y con las parejas sexoafectivas. Lo contrario serían vínculos superficiales. Con este libro te ayudaré a mejorar las relaciones con personas con las que mantienes o quieres construir una relación de intimidad.

La evidencia científica no solo nos muestra la cantidad de beneficios psicológicos y físicos de las relaciones íntimas (reducción de la mortalidad, menor consumo de sustancias tóxicas, mayor salud física, mayor satisfacción con la vida y con una misma, etc.), sino también las consecuencias negativas cuando no funcionan (problemas para lidiar con el estrés, riesgo de trastornos afectivos, cambios en el sistema inmunológico y cardiovascular, etc.). Además, sabemos que lo importante no es tener una gran red social, sino que esta sea de calidad, lo que se aplica a todo tipo de relaciones: amistad, familia y pareja. Dada la relevancia de los vínculos en nuestro bienestar general, ¿qué mínimo que intentar desarrollar las claves para mejorarlos? En la actualidad, la responsabilidad afectiva se encarga de preservar la calidad de nuestras relaciones.

La responsabilidad o ética afectiva consiste en tener en cuenta que todas nuestras acciones impactan —de forma positiva, neutra o negativa— en las emociones de las personas con las que nos relacionamos íntimamente, y que el comportamiento de las demás genera un impacto en nosotras. Cuando somos responsables a nivel afectivo, pretendemos cuidarlo lo máximo posible, siempre que esté a nuestro alcance. Otra forma de entenderlo es desde la sensatez. Es ser cuidadosas y reflexivas al relacionarnos con las personas con las que nos vinculamos de manera íntima, tratarlas como queremos que nos traten, manejando los conflictos, expectativas, acuerdos o límites de manera asertiva y sin olvidarnos de sus emociones.

¿Te suena alguna de las siguientes frases?

«Ay, de verdad. Tranquilízate, que no es para tanto, tía. Tengo la amiga más dramática del mundo».

«Si tu tío te regaña, te habla mal o lo que sea, te callas. Para eso es tu tío».

«Otra vez estamos discutiendo por tu culpa, ¿ves? Ya me has hecho enfadar, justo lo que querías».

Las tres muestran escenarios cotidianos en los que, en lo afectivo, se es irresponsable con alguien. Sin embargo, afectivamente, hay que ser responsable con las demás personas y con nosotras mismas. Es decir, debemos cuidar, pero también protegernos. Más adelante entenderás a qué me refiero.

Ser responsable a nivel afectivo consiste en mantenerse atenta durante toda la relación; no se trata de un momento y ya. Nuestras necesidades, nuestros deseos y nuestros límites cambian a lo largo del ciclo vital, y también los de las demás personas, por lo que es importante trabajar para alcanzar un equilibrio. Ten en cuenta que cada relación es un aprendizaje constante. Nunca seremos portentos en las relaciones, siempre surgirán conflictos. Los ajustes en los vínculos necesitan la práctica de una comunicación lo más transparente, empática y efectiva posible, así como la capacidad de negociar de manera asertiva, habilidades que forman parte de la responsabilidad afectiva que aprenderás con este libro.

Se suele dar por sentado que hay que ser afectivamente responsable con todo el mundo. El concepto «afectivamente responsable» sigue en construcción, y de ahí derivan diferentes interpretaciones. En mi opinión, no se puede ni se debe ejercer la responsabilidad afectiva con todas las personas. De lo contrario, ¿cómo diferenciaríamos este término de la cordialidad o de los modales? La ética afectiva es una actitud indispensable en nuestras conexiones íntimas, pero no con el resto del mundo, entre otros motivos porque es imposible.

Tener en cuenta cómo decir algo para no hacer daño a la chica que se ha colado en la fila del supermercado es asertividad, podría ser empatía y, sin duda, es respeto básico, pero no responsabilidad afectiva, puesto que no habláis de vuestra relación, de lo que os molesta a la una de la otra para llegar a acuerdos y actuar de otra forma en un futuro; no la oyes llorar durante media hora mientras le das apoyo para que se sienta comprendida, ni tampoco trabajáis para construir una intimidad, ofreciéndoos planes y preguntándoos sobre vuestras respectivas vidas. Aunque la base de la responsabilidad afectiva sea el respeto, implica hacer funcionar ciertas habilidades y tener en cuenta otros valores para mejorar, mantener o romper con éxito los vínculos que nos unen.

¿Qué valores deberían estar presentes —al menos la mayor parte del tiempo— en las relaciones que nos importan?

La respuesta gira en torno a tres conceptos. Uno es inamovible, el **respeto**. Los otros dos pueden ser imprescindibles o no, en función del tipo de relación: la **admiración** y la **reciprocidad**. En el anexo 1 encontrarás la descripción de los tres. Valores como la confianza, la honestidad, la sinceridad, etc. se mantienen si se cumplen los tres anteriores. ¿Confiarías en alguien que no ve nada bueno en ti, no te corresponde o te falta al respeto? Seguro que no. Estos tres valores mínimos son imprescindibles para descubrir si nuestras relaciones son responsables. No sirve de nada comunicarse perfectamente si detrás de ello se esconde una actitud egoísta, injusta o cruel.

Con este libro aprenderás a activar la responsabilidad afectiva y a actuar según los valores que la sustentan. Y lo harás a través de herramientas prácticas y estrategias que implican el autocuidado y el cuidado de las personas con las que te relacionas. Si las usas, mejorarás tus relaciones afectivas, lo que influirá en tu bienestar de forma positiva. Pero esta lectura no solo te servirá como guía, sino que te ayudará a esclarecer muchos aspectos de las relaciones y los cuidados personales que aún no tienes del todo claros, como los siguientes:

- ¿Toda manipulación es maltrato?
- ¿Qué es justo en una relación?
- ¿Cuál es la diferencia entre poner límites y evitar conflictos?
- ¿Que dejen de contestarte siempre está mal? ¿Es siempre *ghosting*?
- ¿Definirte como guapa, inteligente, curiosa y graciosa refleja una buena autoestima?
- ¿Decir «no» varias veces a alguien es ser agresiva?

- Siempre que oigo a alguien, ¿le escucho?
- Si lloras cuando lo hace tu amiga, ¿estás siendo empática?
- Si no valido emocionalmente a todo el mundo, ¿soy mala persona?
- ¿Podemos controlar nuestras emociones?
- ¿Pasar más tiempo con alguien hace que la relación vaya mejor?
- ¿Es mejor hablar de los problemas o puedo guardarme algo para mí?
- ¿Le puedo pedir a alguien que cambie sin que le moleste?

Para responder a estas y a otras preguntas, en el primer capítulo hablaré de los comportamientos que afectan a las relaciones de manera negativa, desde los tradicionales hasta los más recientes, relacionados con el auge de las nuevas formas de comunicación online. Después, me centraré en los elementos fundamentales a la hora de cuidarnos en las relaciones. En el segundo capítulo aprenderás a identificar lo mínimo que ha de tener una relación de calidad, a poner límites, a regular tus expectativas y emociones, y a mejorar la imagen y la valoración de ti misma. En el tercero te ayudaré a cuidar de tus vínculos y te enseñaré a ser más empática, validante, asertiva y proactiva en la escucha y en la generación de conductas íntimas. Y en el cuarto, por último, encontrarás más herramientas para alcanzar una comunicación efectiva, además de ejemplos prácticos que te ayudarán a expresar tus preocupaciones.

He intentado utilizar un lenguaje simple y acotar las explicaciones teóricas. Sé que hay muchas excepciones que no aparecen en el libro. Todos los conceptos se han abordado y resumido para ofrecerte una guía útil, ligera y accesible. Las herramientas psicológicas que encontrarás en él parten de mi experiencia teórica y práctica en el ámbito de la psicología.

Soy consciente de que no tengo todas las claves ni toda la verdad, y quiero hacer hincapié en que, bajo ningún concepto, este libro puede sustituir la terapia. La terapia es un espacio de trabajo individual y complejo que requiere de un análisis detallado del caso y, por tanto, desarrolla propuestas de solución personalizadas. Aquí encontrarás una guía general sobre comportamientos básicos que mejoran las relaciones y que tienen un respaldo científico. Podrá acompañarte en el proceso, pero no dudes en recurrir a servicios psicológicos si crees que tienes problemas relacionales graves, pues te ayudarán en tu caso concreto.

Por último, te habrás dado cuenta de que escribo en femenino genérico. Cuando utilizo términos como «las demás», «las otras», «nosotras», etc., me refiero a las personas: «las demás personas», «las otras personas», «nosotras, las personas», etc. Este libro está pensado para todas, sin excluir a nadie por su género u otra característica. Seas quien seas, espero de corazón que lo disfrutes.

1

Detectar comportamientos que afectan negativamente a nuestras relaciones

Seguro que sabes que cada relación tiene sus características propias y que ser irresponsable a nivel afectivo puede manifestarse de maneras infinitas en función de la persona y el contexto. También sabrás que los vínculos implican cuidados y, por ello, tener en cuenta las consecuencias de nuestros actos. Sin embargo, cuando estamos inmersas en una relación que nos importa, a veces pasamos por alto muchísimas conductas que nos hacen sentir mal y hay otras que nos cuesta identificar como faltas de respeto, pues creemos que son normales.

El auge de las tecnologías ha dado lugar a nuevas formas de comunicación online y, con ella, a comportamientos recientes que nos afectan de manera negativa. De ahí nacen las nuevas irresponsabilidades afectivas, la mayoría con nombre anglosajón: *ghosting*, *zombieing*, *orbiting*, etc. Aunque no soy fan de sobrecategorizar la conducta, soy muy consciente de que los cambios en el lenguaje expresan nuevas necesidades sociales, pero son muchas las personas se hacen un lío con tanta terminología en otro idioma, lo cual es comprensible. En la segunda parte de este capítulo te ayudaré a clarificar algunas de las palabras que constituyen las «ilegalidades» afectivas que se comenten online y que generan un mundo donde desaparecer y aparecer es facilísimo, y donde romper límites parece no tener ningún tipo de consecuencia.

Por último, quiero que sepas que no me centraré en las relaciones de abuso, las populares «relaciones tóxicas». El enfoque será cómo trabajar en las relaciones que merecen la pena. No obstante, de forma irremediable, todas las personas cometemos errores e irresponsabilidades en nuestras relaciones. Te enseñaré a detectarlas en las demás personas y también en nosotras.

LAS FORMAS TRADICIONALES DE IRRESPONSABILIDAD AFECTIVA

A la hora de detectar irresponsabilidades afectivas, podemos encontrarnos con las específicas de cada relación y con otras que comparten todos los grupos (amistades, pareja, rollos, familia, etc.).

Por ejemplo, intentar que adivinen lo que necesito es una «irresponsabilidad» que comparten todos los grupos. Sin embargo, que tu madre siempre descargue en ti sus problemas, teniendo en cuenta la jerarquía familiar, es una irresponsabilidad específica del grupo familia. Espero que nos vayamos entendiendo.

Es obvio que clasificar todas las irresponsabilidades sería imposible. Quizá haya tantas como personas en el mundo, al igual que tipos de conductas de cuidado. Los siguientes ejemplos sobre irresponsabilidades afectivas son comunes a todos los grupos. El objetivo es que te familiarices con estas conductas y logres detectarlas de forma eficaz tanto en ti como en las demás.*

Una persona que se comporta de forma irresponsable a nivel afectivo puede:

Intentar que las demás adivinen sus necesidades o deseos:
SA: «Podrías haberme invitado a salir con tus amigas. Yo quería ir».
A: «Hombre, sabiendo como soy, deberías haber hecho otra cosa».
F: «No te voy a pedir un beso cada vez que llegues a casa. Ha de salir de ti».

Imponer a las demás sus gustos, deseos o preferencias:
SA: «Anda, vamos a hacerlo. Siempre me dices que no. Sabes que lo necesito más de una vez a la semana».
A: «Ya irás otro día al mexicano. Quiero ir al *burger*. Si no, hoy paso de salir».
F: «Hombre, es que a mí me gustaría que estudiaras derecho. Sabes que es una tradición familiar».

No respetar los límites de las demás o romper acuerdos:
SA: «He vuelto a contactar contigo porque te echo de menos. Sé que me dijiste que no, pero lo estoy pasando mal».
A: «Tengo que hablar con mi novio por teléfono y paso de salir a la calle, la verdad. Por un día que te duermas más tarde no pasa nada, que siempre estás igual. Para que te

---

* SA: relaciones sexoafectivas; A: relaciones de amistad; F: relaciones familiares.

estés quejando todo el rato, no me quedo a dormir en tu casa».

F: «A ver, se lo he contado a la prima porque ella sabe de medicina y te puede ayudar».

No comunicar los cambios que afectan a la relación:

SA: «No sabía que te tenía que decir que ya no quería seguir hablando contigo. Decírtelo me parecía un palo para ti».

A: «Bueno, sí, te dejé en visto, pero porque no sabía cómo decirte que no quería hacer más trabajos contigo. Como todo te afecta siempre un montón...».

F: «Nos mudamos en un mes, tenemos que arreglarlo todo. No te lo habíamos dicho porque andabas muy estresada».

No ser coherente con las decisiones que se toman en la relación (o dar mensajes mixtos):

SA: «Necesito que dejemos de hablar. No estoy preparada», y al mismo tiempo «Oye, sé que ha pasado solo una semana pero... ¿cómo estás?».

A: «Tía, no sé si ir o no, ¿eh? Yo qué sé, ya te diré. Por si acaso, no cuentes conmigo», y al mismo tiempo «Al final has ido con Carla... Me siento un poco abandonada, la verdad».

F: «No quiero saber nada de ti, te has portado muy mal conmigo, déjame en paz», y al mismo tiempo «Me duele que no me hables ni me preguntes cómo estoy».

Invalidar emocionalmente:

SA: «¿Ya estás llorando otra vez? No se te puede decir nada».

A: «Tía, tranquila, no es para tanto. Estás demasiado motivada».

F: «Me da igual que estés triste. ¡Sal de tu cuarto ya! Vaya tontería tienes encima...».

Hacer cargar a las demás con sus problemas y excusarse en ellos:

SA: «Ya sabes lo que pasaba en mi casa cuando era pequeño. A veces se me va la cabeza y me comporto como mi padre».

A: «Lo estoy pasando fatal. Encima no me digas cómo hablarte».

F: «Tú no sabes lo que yo pasé. El grito que te he pegado no es nada comparado con lo que me hacían a mí en mi casa».

Usar la comparación de manera frecuente para convencer o dañar:

SA: «Mi ex jamás se hubiera rayado por eso, la verdad. Ya te lo he dicho otras veces, era más tranquila que tú. No estoy acostumbrado a estas situaciones».

A: «Hombre, es normal que se fije en ella. Alicia es un poquito más guapa que tú, pero tú tienes otras cosas buenas...».

F: «Aprende de tu hermana. Ella sí que sabe estar tranquila y sacar buenas notas. Ojalá se te pegue algo».

Chantaje emocional, manipulación y maltrato

Como habrás concluido, ser irresponsable afectivamente puede implicar también algunas conductas que podríamos clasificar como manipulación o chantaje emocional. Esto no significa que las personas con estas conductas sean malas, no te quieran o intenten maltratarte. Nosotras también tenemos muchos de estos comportamientos, a veces sin darnos cuenta, de manera no maquiavélica. Todo nuestro comportamiento social se debe al aprendizaje y, por lo general, el entorno en el que aprendemos no es perfecto.

«Chantaje», «manipulación» y «maltrato» son conceptos muy cercanos que forman parte de la irresponsabilidad afectiva. El chantaje emocional es la gran técnica de manipulación, y una manipulación sostenida en el tiempo es parte del maltrato psicológico. Es decir, para que estas conductas se consideren maltrato, deben ser sistemáticas, repetidas en el tiempo y tener un objetivo de control-humillación que va más allá de intentar satisfacer nuestros deseos en un momento concreto. Sin embargo, repito, es el extremo de la irresponsabilidad afectiva. El espectro es muy amplio. Sería un error encasillarlo todo como maltrato, como también lo sería negar que el maltrato existe. Pero para que no te arriesgues a permitir conductas abusivas porque «puede que lo haga de forma inconsciente», aquí te dejo algunos ejemplos de abuso psicológico. Muchas veces estas conductas pasan desapercibidas, así que debemos aprender a detectarlas en las demás y analizar su frecuencia.

No deja de insultarte. En «broma» («tontita»; «payasita»; «desgraciado»; «imbécil») o en serio, ya sea en público o en privado.

Te asigna con frecuencia características que te describen de forma negativa. «Eres tan desastre...»; «Nunca has dado un palo al agua, eres muy vaga»; «Siempre se te han dado muy mal las matemáticas y todo lo que sea entender algo».

Te chantajea de forma reiterada. «Eso es lo que quieres tú a tu hijo, ¿no?»; «Si te vas, me vas a arruinar la vida»; «Con todo lo que he hecho por ti y tú no eres capaz de hacerme este favor».

Te ignora cuando quiere que cambies algo. Como forma de castigo, aplica la ley del hielo/retirada del amor. Sufres porque no sabes por qué ha cambiado contigo. Se niega a darte información por un tiempo, incluso puede que nunca te la dé y luego vuelva a actuar normal. Como mucho te dirá «¿A mí? A mí no me pasa nada, ¿y a ti?» o «Tú sabrás lo que has hecho». Así dudas de todo lo que haces.

Siempre te culpa de lo que le pasa o de lo que te pasa. «Se me olvida todo por estar pendiente de ti»; «Hemos llegado tarde porque no sabes organizarte»; «Es increíble, ya estamos otra vez discutiendo por tu culpa»; «No me extraña que se enfade contigo, ya te he dicho que muchas veces te pones insoportable».

Te amenaza cuando no haces lo que quiere. «Pues yo no tengo amigas que hagan eso»; «Tú sigue así, que ya verás»; «Vas a conseguir que esto se acabe».

Siempre te niega la realidad. También llamado *gaslighting*. Nunca tienes razón en nada. Te has vuelto loca y te has inventado lo que ha pasado. Eso no se dijo de esa manera, es más, lo dijiste tú. «¿Yo? Yo no dije eso, te lo estás inventando, estás obsesionada. A ver si fuiste tú...».

Te hace sentir que no eres capaz. De forma indirecta, te manda el mensaje de que te faltan habilidades y necesitas ayuda. «Ay, es que ella es muy sensible»; «Yo la ayudo, que se pone muy nerviosa»; «Laura no sabe, mejor lo hago yo».

Te lleva hasta el límite. A pesar de que has dejado claro lo que no te gusta que haga, sigue haciéndolo hasta que explotas. Cuando llega ese momento, te echa la culpa o lo usa como arma arrojadiza en otras ocasiones.

Minimiza tus logros y emociones. «Qué exagerada eres, ya estás llorando»; «Bueno, conseguir un trabajo es lo mínimo hoy en día»; «Yo también gané un premio, pero profesional»; «La próxima vez un nueve mínimo. No sé yo si con un siete y medio deberías estar contenta».

Restringe tus acciones y te controla. Intenta controlar tus decisiones, saberlo todo sobre ti, tiene acceso a tus cuentas y dispositivos, sientes que tu privacidad es invadida todo el tiempo, etc. (Me refiero a un control injustificado. En la familia se dan conductas de control que son normales, legales y necesarias para con las menores de edad).

Si estos casos se tornan sistemáticos, lo importante es que te sientas a salvo, y la forma más segura de lograrlo es cortar la relación, tanto si el vínculo es familiar como romántico o de amistad. Tu salud mental y tu integridad están por encima de cualquier lazo, aunque la mayoría de las veces cuesta mucho hacerlo y el contexto no lo facilita. Si es tu caso, no dudes en pedir ayuda. Aquí no hablaremos de relaciones de abuso.

El enfoque será cómo trabajar en las relaciones que ya tenemos, en aquellas que creemos que merecen la pena.

Comportamientos irresponsables hacia una misma

Para cuidarnos es importante tener todo esto en cuenta, es decir, poner límites a las personas que nos hieran y cuidar de las demás si estas irresponsabilidades las reconocemos en nuestro comportamiento. Pero no olvidemos las que cometemos con nosotras en cualquier tipo de vínculo:

Aguantar en la relación porque ya llevamos mucho tiempo. El ejemplo más claro para mí es la familia. Tenemos tan arraigada la idea de que la familia debe estar siempre unida que somos capaces de soportar daños inimaginables. Si la relación no funciona y es dañina, lo mejor es poner tierra de por medio, independientemente de si se trata de un familiar, una pareja o una amistad. En los casos familiares en que resulta complicado poner distancia porque la emancipación económica aún no es factible, hay que buscar asistencia social.

Evitar la intimidad y mostrarte vulnerable. Este es un claro ejemplo de ser irresponsables con nosotras mismas. Puede ser difícil de entender, pero cuando no nos damos la oportunidad de abrirnos, cuando nos negamos a la conexión, nos estamos anulando a nivel afectivo, nos estamos silenciando. Como intuyes, no se trata de contarle tus problemas a todo el mundo. La cuestión es que, cuando queremos expresar necesidades, poner límites o negociar, tendremos que ser abiertas y trasparentes, y esto implica hablar de lo que nos hiere. Si no te lo permites, será muy difícil que te entiendan o lleguen a tener una conexión íntima contigo.

Permitirlo todo porque «hay confianza» o porque «es de la familia». Cuando llevamos mucho tiempo en una relación —del tipo que sea—, solemos permitir que se crucen los límites. No tienes que tolerar, por ejemplo, comentarios que te hieran, aunque tengas con ella la mayor confianza del mundo. De hecho, si es así, deberíais tenerla también para comunicar lo que no os gusta. No todo puede permitirse, y las demás tienen derecho a saberlo. En la familia, se suelen tolerar comportamientos irrespetuosos a los hijos e hijas por miedo a perderlos. También ocurre en el otro sentido jerárquico: «No le rechistes, que es tu abuela». Si es tu caso, tienes más que derecho a ponerle límites.

Intentar «salvar» a la persona de sus problemas. Ay, amiga, las mujeres y sus eternos cuidados (sin negar que hay hombres que caen en este patrón)... Hacerse responsable de los problemas de las demás es una tendencia muy común que dificulta que la otra tome acción por sí misma y que, por bonito que pueda sonar, la infantiliza. A la larga, acaba destrozándonos, porque no solo tenemos que llevar nuestra «mochila» a cuestas, sino también la de las personas que nos acompañan. Y lo peor es que, si la persona a la que pretendes «salvar» está cómoda con ese papel, la culpa llamará a tu puerta cuando reduzcas las atenciones a sus problemas.

Priorizar otras necesidades y deseos antes que los tuyos. Una vez o dos podrían tener sentido, sobre todo en una relación recíproca en la que existe eso de «hoy por ti, mañana por mí». Sin embargo, dejarte siempre en el último lugar la mayoría de las veces no solo acabará haciéndote daño, sino que paradójicamente también dañará la relación. Con el paso del tiempo, te resultará más difícil pasártelo bien o ser agradable en espacios donde tus necesidades son siempre lo último frente a las de las demás.

Son muchas las irresponsabilidades tradicionales que podemos identificar. No obstante, el avance de la tecnología ha impulsado que pasemos de la carta al fax y del fax al WhatsApp en un santiamén. Por supuesto, esto ha impactado en la forma de relacionarnos y ha generado nuevos tipos de irresponsabilidades.

LAS NUEVAS FORMAS DE IRRESPONSABILIDAD AFECTIVA

Para bien o para mal, uno de los retos a los que tenemos que enfrentarnos es el que implica los nuevos espacios de comunicación virtual, esto es, las redes sociales, WhatsApp, el e-mail y cualquier variación de estos. Sabemos que nos facilitan la vida, pues gracias a ellos las relaciones a distancia son más cómodas. También permiten el teletrabajo y han hecho que una pandemia mundial fuera un poco menos dura, entre otras muchas cosas.

Por otro lado, sabemos que el universo comunicativo virtual presenta innumerables inconvenientes. Hablando de estos últimos, nos centraremos en cómo los nuevos espacios de comunicación virtual dan lugar a nuevas irresponsabilidades afectivas, es decir, a formas de comunicarnos a través de la tecnología que pueden causar un poquitín de daño. Estas se dan, sobre todo, en las recientes relaciones sexoafectivas. A continuación encontrarás una clasificación de las irresponsabilidades más comunes para que aprendas a identificarlas.

Ghosting

Podrías pensar que la traducción literal de *ghosting* sería «fantasmeo». ¿Y qué quiere decir, alardear? Pues no. El *ghosting* se refiere a reproducir la especial habilidad que tienen los fantasmas de desaparecer y aparecer de repente, pero en este caso se trata de reproducir la habilidad para desaparecer y fin. Eso sí, cuando menos te lo esperas. Es como un susto a la inversa. Crees que alguien siempre está ahí y, de repente, desaparece sin dar explicaciones, a lo bestia, delante de tus narices y sin que tengas manera alguna de recuperar el contacto. Inexplicable. ¡No te queda otra que pensar que esa persona era un fantasma! De ahí el término. Identificar si alguien te está haciendo *ghosting* es fácil, solo tienes que comprobar si se cumplen estos tres requisitos:

1. Tener contacto frecuente con alguien, y que ese contacto sea o pretenda ser íntimo.
2. La persona con la que mantenías el contacto lo imposibilita. Es decir, deja de contestarte a pesar de que lo intentes una y otra vez.
3. Lo hace de un día para otro, sin ningún tipo de explicación, sin motivo aparente.

Como consecuencia de estos tres hechos, si la persona te importaba, en mayor o menor medida empezarás a sufrir el mal de la incertidumbre, es decir, ansiedad, y comenzarás a preguntarte qué has hecho para que no merezcas ni un simple adiós. Entonces vendrá la culpa a darte los motivos (sí, ella siempre viene a darnos los motivos). En el peor de los casos, la tristeza llamará a tu puerta, o quizá el enfado. Intentarás ponerte en contacto con esa persona para confirmar o desmentir todo lo que tu cerebro ha generado ante el hueco de la incógnita, hueco que esta persona ha dejado al irse sin más, sin cuidado, sin dignarse a dedicar un minuto, solo uno, a despedirse o a contestarte después de tus intentos. Un solo minuto suyo vale días de angustia tuyos. Y ahí es donde está la irresponsabilidad.

Existen distintos tipos de *ghosting*.

Ghosting **progresivo.** Te lo hace poco a poco. Seguís hablando con menos frecuencia, pero llega un día en que no te contesta más. Pasáis de tener conversaciones frecuentes muy intensas a frases cortas, hasta acabar con un «Hola, ¿te pasa algo?» que se queda, por supuesto, en visto. Por lo general, en ésta progresión, las personas pueden hacer uso de la técnica *mooning*, que es desactivar las notificaciones como excusa para no contestarte hasta pasado un tiempo: «Perdona, no me ha llegado el mensaje».

Ghosting **clásico.** Todo va de lujo. Tenéis conversaciones entretenidas, largas, cortas, de todo tipo. Parece que hay un interés mutuo. Parece. Porque de repente ¡plof!, esa persona desaparece. No hay manera de que te conteste o de contactar con ella. Ha dejado de hacerte caso.

Ghosting **manipulador (ley del hielo).** Es el *ghosting* clásico después de un conflicto. En este caso, no todo iba bien. Se trata de ejercer la ley del hielo: «No te contesto porque ahora vas a sufrir las consecuencias de que se haya generado este conflicto». El problema se deja abierto, no se aborda. En la víctima puede provocar mucha incertidumbre, síntomas de ansiedad y emociones como la culpa o la tristeza. Puede desaparecer para siempre o aparecer de nuevo tras un tiempo (por lo general, sucede esto). Os cuento más tarde qué pasa cuando vuelve a aparecer. No hay que confundirlo con que la persona necesite espacio como forma de autocontrol ante un problema porque, además, esto se comunica.

Ghosting **radical.** El contacto se corta de manera tajante. Te bloquea en esa red social en la que hablabais, en WhatsApp e incluso las llamadas. Existe una imposibilidad absoluta de volver a contactar. ¡Cuidado! A veces tenemos que bloquear a algunas personas por nuestra salud mental y nuestra seguridad. No se trata de eso. En este caso hablamos de aquellas con las que mantienes una relación aparentemente buena, un contacto frecuente, y un día deciden decirte adiós definitivo, pero sin decírtelo.

Ante un *ghosting* claro, la actitud que debes tomar es sencilla: esta persona no merece la pena. De verdad, no quieres en tu vida a alguien que no dedique ni un minuto de su tiempo a escribirte un mensaje que te ahorre la angustia.

Un aspecto fundamental para identificar estas conductas es que sepamos cuándo lo que hacemos o lo que nos hacen NO es *ghosting*. Recuerda que, para que exista *ghosting*, la otra parte tiene que seguir interesada en el contacto. Es decir, si hay dos partes desinteresadas que no han generado intimidad, no podríamos hablar de *ghosting*. Esto es así porque no se está intentando «desaparecer en el vínculo», ya que no existía antes. Es importante que haya existido un contacto previo frecuente que implique cierto nivel de intimidad (ya sea en la amistad, en la pareja o en otro tipo de relación).

Como consecuencia, tampoco puede ser *ghosting* si quien ha empezado a conversar contigo es una persona desconocida. Muchas veces nos pasa, sobre todo a las mujeres, que el repartidor del correo se queda con nuestro número después de un aviso de envío para después preguntarnos qué tal. Puedes bloquearle —e incluso advertirle de que lo que hace es ilegal—, pero no estarás haciendo el fantasma. Otro ejemplo es bloquear a las empresas que no paran de llamarnos para ofrecernos publicidad que no queremos. O dejar de hablar con alguien que acabas de conocer por las redes después de intercambiar dos o tres frases. No vamos a negar que puede ser maleducado, pero el *ghosting* implica romper con una intimidad generada, no tanto con dejar una conversación en visto.

Tampoco es *ghosting* si ya hemos puesto límites. Si hemos dejado claro que no queríamos continuar con la relación, que necesitábamos un descanso o que preferíamos que no nos hablara más, no es irresponsable no contestar. Si las normas están claras y la otra persona las rompe, la que está siendo irresponsable es la que insiste a pesar de conocer los límites.

Por último, seguro que te estás acordando de esas conversaciones que tienes con tus amigos y amigas en la que dejas o te dejan en visto y no volvéis a hablar hasta tres meses después. Pues bien, te hablo sobre ello en el siguiente apartado.

Zombieing

¿Sabes lo que es un zombi? Seguro que sí. Es una persona que vuelve de entre los muertos (y añado, además, que apenas se le entiende). Pues bien, cuando nos están haciendo *zombieing*, la persona que nos hizo *ghosting*, la que desapareció sin dar explicaciones, después de un tiempo vuelve a aparecer. En este caso se suelen dar varios niveles de gravedad, de menos a más:

Zombi al que se le entiende. Personas que excusan su ausencia y su excusa es aparentemente razonable y elaborada.
Ejemplo: «Perdona, he estado liado y no he sabido manejar el estrés. Durante este tiempo no me apetecía seguir hablando. Siento haberme portado así. Solo quería disculparme».

Zombi al que no se le entiende. Personas que excusan su ausencia y su excusa no es elaborada ni razonable.
Ejemplo: «Perdona, tía, se me pasó contestarte, jajaja».

Zombi con memoria selectiva. Personas que ni siquiera excusan su ausencia, te hablan de nuevo ¡e incluso quieren pedirte un favor!
Ejemplo: «¡Hola, guapa, cuánto tiempo!», «Hola, Desiii. Tía, tenías una tienda de campaña, ¿no?».

Zombi manipulador. Personas que reaparecen e intentan echarte la culpa a ti, negarte que eso pasara o mentirte. Este zombi viene de hacerte la ley del hielo. Tras el *ghosting* manipulador después de generar un conflicto, reaparece y lo hace con la intención de que te sientas peor. Pueden acusarte de ser tóxica por haber intentado contactar tras su ausencia, y aprovechar este hecho para seguir manipulándote. Es una técnica que, con toda seguridad, se repetirá.

Ejemplos de menos a más sutiles: «¿No me vas a dejar en paz? Dime qué quieres», «Ya te he desbloqueado, ¿contenta?», «Eres tóxica, ¿eh? No me apetecía hablar de tus paranoias y listo», «No, tía. Yo no te he bloqueado, ¿eh? Estás loca», «Hola, te tuve que bloquear porque me estabas agobiando», «Quiero arreglar las cosas, pero que no se repita lo que hiciste, ¿vale?», «Te echo de menos. Perdón por desaparecer, pero es que me estabas volviendo loco, me agobiaste».

¿Qué se hace ante un zombi si, además, es manipulador? La respuesta es simple: HUIR. Solo con los zombis a los que se les entiende deberíamos replantearnos si continuar o no la relación a un nivel de intimidad mayor. En los otros tres casos, creo que no sería buena idea involucrarse en relaciones con personas que, desde el principio, actúan de manera irresponsable. Aunque duela distanciarse y recuerdes la primera parte de la historia —aquella en la que el contacto era frecuente y os llevabais bien—, acuérdate también de la última, cuando la confusión se apoderó de tu tiempo y te sentiste mal porque alguien decidió no hacerse responsable de las consecuencias de sus actos.

Por último, vuelvo a lo que prometí. Apuesto a que tienes amistades con las que te comunicas de la siguiente manera: te habla, le contestas, te contesta, le contestas y ya no hay más comunicación. «Ay, tía, perdona, que no escuché el audio». «No pasa nada, jaja, yo soy igual», le dices. Otro día, a saber cuál, retomas la conversación. Esa vez eres tú quien la deja en visto. En otros momentos tenéis conversaciones largas e intensas, y periodos de ausencia de meses. ¿Te suena? Si es así, y quieres saber si esta circunstancia es un caso de *zombieing*, yo diría que no. Más bien tiene que ver con el estilo comunicativo de la relación. La intimidad ya está generada. Esta forma de comunicarnos entra dentro de las normas implícitas de la relación, no os molesta. Os veis por la calle, quedáis, sabéis que mantenéis una relación de amistad. Tienes ubicada a esa persona: si desaparece y le hablas, te contestará. Está para lo urgente, para lo importante. Si la llamas, te cogerá el teléfono, y si le propones quedar, te dirá que sí. Hay reciprocidad, hay respeto, hay admiración. Y todo ello a pesar de que tengáis conversaciones online pobres. Por lo general, el *zombieing* se suele dar en contextos de nueva generación de vínculos, más que en vínculos firmes (a excepción del manipulador).

¿Cansadas de tantos fantasmas y personas sin cerebro? Pasemos a analizar otras conductas que no requieren de un *ghosting* o de un *zombieing* previo y que, por tanto, puede costar más identificar.

Orbiting

Hay una frase en español que explica mejor este fenómeno: «el perro del hortelano», la persona que ni come ni deja comer.

Hablamos de *orbiting* cuando el sujeto en cuestión ya es intocable, pero a veces alcanzas a verlo, como pasa entre la

Tierra y su satélite, la Luna. Esta orbita alrededor de la Tierra, pero nunca se toca con ella. El límite de la gravedad se impone, pero puedes verla de forma intermitente.

El *orbiting* se produce cuando, tras cerrar el vínculo con una persona, esta, en vez de respetarlo y alejarse, sigue presente de maneras sutiles, lo cual dificulta que la relación se cierre por completo. En el *orbiting*, la persona sigue interactuando contigo, por lo general a través de las redes sociales mediante comentarios, reacciones, etc., y su única intención es que la recuerdes. Alimentarse el ego. No intentará retomar una conversación que dure más de tres frases y media ni vincularse al nivel anterior.

Lo normal es que esto suceda con personas con las que nos relacionamos a nivel sexoafectivo. Podríamos hacer la siguiente clasificación de personas *orbiting*:

- **Tu casi algo que al final no quiso algo pero que *orbiting*.** «¿Por qué no me deja en paz si no quiere nada?». Pues algo quiere: saber que cuando te habla le contestas. Eso aumenta su ego en un chiquipunto.
- **Tu ex *orbiting*.** El clásico entre los clásicos. Seguirá ahí hasta que se le disipen las dudas o encuentre a otra persona con la que vincularse. Pero no, no intenta volver contigo. En todo caso, marca territorio. Doloroso, ¿no?
- **Tu casi algo que ya tiene pareja pero *orbiting*.** «*Joé*, si ya tienes pareja (y, además, monógama), ¿qué haces roneándome?». Ni está siendo responsable con su pareja ni contigo. Intenta algo extraño. Lo veremos más adelante.

Y aún hay un nivel peor:

- **Tu ex que ya tiene pareja y sigue *orbiting*.** Sin comentarios.

Recuerda: todos estos ejemplos serían casos de *orbiting* solo si el vínculo con la persona quedó cerrado. Puedes tener una amistad con tu ex, por supuesto, y también con un casi algo, pero entonces las interacciones en los espacios virtuales forman parte de vuestro vínculo y no de un *orbiting* (donde la relación se supone cerrada).

Si te molesta el nivel de interacción que están teniendo algunos de estos satélites, pídeles de manera asertiva que dejen de hacerlo. Si, una vez hecho esto, siguen insistiendo, es decir, no respetan tus límites, puedes cortar la interacción de forma radical, que no, no será *ghosting*.

Benching

En este caso la persona no se ha ido, solo ha reducido la comunicación poco a poco. No es que te haga *ghosting*, es que ya no tiene conversaciones profundas contigo, pero, si le hablas, te contestará. En realidad, nunca hubo nada especial en vuestra relación para que necesitaras cerrar el vínculo, a diferencia del *orbiting*.

Eres su plan B (o C, quién sabe). Te tiene en el banquillo, de ahí el término. Por lo tanto, para que no te enfríes, de vez en cuando frecuentará tus espacios comunicativos virtuales, sobre todo cuando le falle su plan A o necesite un chute de falsa seguridad. Es un tonteo sin dar más pasos que se produce intermitentemente. En el *benching*, como se dice ahora, formamos parte de su ganado.

Hay otra forma más sutil de mantenernos en el banquillo. Se trata de darnos migajas de pan, lo que llaman *breadcumbing*. Consiste en reacciones simples por redes o actos como tenerte siempre entre sus mejores amigos (una parte exclusiva de la red social). *Joé*, ya ni conversaciones nos dan, ¡pobre ganado muerto de hambre!

¿Qué hacemos? Suele ser difícil de detectar, ya que el vínculo no se ha cerrado antes y no vemos que se esté traspasando un límite, porque no se ha impuesto. Si su conducta te molesta o te genera confusión, lo mejor es actuar con asertividad y decírselo. También puede que seas capaz de detectar el *benching*, pero no te moleste. En ese caso no tienes la obligación de dar lecciones a nadie o de marcar límites, pero, claro, no olvides esa información. Quizá te sirva para ir con pies de plomo con esa persona.

Cushioning

El *cushioning* lo hace alguien que tiene pareja y utiliza a otra persona para encontrar consuelo. No te tiene en el banquillo para luego, no. Solo busca el apoyo, el refuerzo de alguien que le resulta atractivo, aunque puedes pensar que le gustas más que su novia o su novio. No hay que confundirlo con las relaciones liana, donde se enlaza una pareja con otra. (En esta era posmoderna, tenemos nombres creativos para todo...). Así es como se puede comportar una persona cuando hace *cushioning*:

- **Abre y cierra las apps de citas cuando lo necesita y no pueden pillarla.** Así recibe interacciones positivas de las demás. Puede incluso tener conversaciones picantes contigo, pero no dará un paso más. Nunca quedaréis, e incluso puede que te deje de hablar.
- **Genera una falsa amistad con alguien que le resulta atractivo.** Lo común es que abandonen esta amistad cuando la pareja se rompe. Solo le servías para desfogarse y absorber tu cariño. Un ejemplo sería una reciente amistad que te habla casi todos los días, te manda fotos y te cuenta sus problemas. Sin embargo, cuando acaba con su relación de pareja, tu relación con ella se empobrece, se desvanece. No tiene tiempo para verte o hablarte. Ya no es tu *superfriend*.
- **Comienza a tontear con alguien que también tiene pareja para controlar sus impulsos.** Es evidente que los irresponsables pueden ser las dos personas. En este caso se juntan dos *cushing* que pasarán la una de la otra en cuanto una de las dos rompa con su pareja.
- **Inicia un tonteo con alguien que no tiene pareja e ilusiona sin motivo.** Alguien se enfada con su pareja (o no) y acude a sus contactos virtuales para interactuar con una persona que le gusta, tú. Incluso mantiene conversaciones profundas contigo. Sabes que tiene pareja. Compara a su pareja contigo: «Ojalá me hablara igual que tú», «Tú sí que me comprendes». Genera confusión. ¿Es solo un amigo? ¿Le estoy empezando a gustar?

Detectar el *cushioning* es fácil porque ya sabes que la persona tiene pareja (a excepción del que se da en las apps de citas). Si se trata de una amistad, y consideras que no hay tonteo, será difícil saber qué hará esta persona cuando termine su relación de pareja, si pasará de ti o no. Tendremos que confiar. Pero si solo te habla para contarte sus problemas de pareja, no se interesa por ti, no quiere proponerte planes, etc., empieza a sospechar.

Por otra parte, si se trata de alguien con quien estás tonteando y sabes que la relación que mantiene con su pareja es cerrada, pararle los pies es la mejor opción para que empiece a ser responsable contigo (y, de paso, con la pareja y con él o ella misma). Puede que percibas que el problema es más de la pareja que tuyo, pero entiende que una persona que se salta los límites con alguien con quien ya tiene un compromiso, probablemente lo haga contigo también. De nuevo, pies de plomo.

Tabla-resumen para detectar irresponsabilidades virtuales	
Ghosting Fantasma	Hubo vínculo, pero desparece sin explicación, sin límites previos.
Zombieing Zombi	Vuelve a aparecer después del *ghosting*.
Sin *ghosting* previo (no significa que no lo vaya a haber después)	
Orbiting Satélite	Hubo vínculo, se marcaron límites, pero no se respetan y se sigue interactuando.

Benching Banquillo	No hubo un vínculo profundo, pero de vez en cuando contacta para mantener a la víctima en el banquillo o aumentar su ego.
Cushioning Amortiguar	La persona tiene pareja. Con o sin víncu- lo anterior, quiere acercarse para des- ahogarse sobre su pareja o conseguir afecto. También usan apps de citas.

¿Y si soy yo quien actúa de forma irresponsable?

Si estás leyendo esto y te reconoces en alguna de las conductas anteriores, lo mejor es que dejes de ponerlas en práctica.
Puede que no te hayan enseñado a comunicarte de otra manera, que lo hayas aprendido de tu entorno o que creas que es
lo normal. No pasa nada, tienes derecho a equivocarte, casi
todas hemos tenido conductas parecidas a las descritas y cometemos errores de forma continua. Ahora que sabes que
puedes hacer daño a las demás, lo importante es que no sigas
haciéndolo.

Otra idea podría ser revisar tu comportamiento en consulta, conocer qué función tiene lo que haces. Será un camino
de aprendizaje que te aportará beneficios a largo plazo. En
este libro te enseñaré a empezar a cuidarte y a cuidar de las
demás. Si estás aquí porque te interesa conseguirlo, enhora-
buena, has dado un paso grandísimo.

2

Me conozco y me cuido

¿Es verdad eso de que no puedes querer a nadie si no te quieres a ti? Es absolutamente falso. Tu capacidad de amar no se ve alterada por cómo te percibas. Entonces ¿es cierto que no puedes cuidar bien de las demás si no te cuidas bien a ti? Sí, sobre todo a largo plazo. Atender con consideración a nuestros seres queridos la mayoría del tiempo implica esfuerzo. Si no sabemos pedir cuidados de vuelta o decir que no cuando lo necesitamos, acabaremos agotadas, tristes, decepcionadas, etc. Desde esa situación emocional es muy complicado cuidar a la otra persona con calidad o lo haremos dejándonos atrás, de forma irresponsable con nosotras. Cuidar, que es diferente a querer, demanda más recursos. Querer es un sentimiento, cuidar es un acto. Implica tratar bien a las personas que queremos, y nos costará mucho hacerlo si estamos agotadas o nos sentimos muy decepcionadas.

Hay relaciones en las que lo pasamos mal por diferentes motivos: no sabemos poner límites, tenemos expectativas erróneas, evitamos conflictos por miedo a lo mal que nos sentiremos después o creemos que nos lo merecemos, ente otras razones. Si te ha ocurrido, permíteme decirte que no te estabas cuidando. Olvidaste tu parte de responsabilidad, la que tienes contigo. Conocerme y prestarme atención me han permitido decidir que, para mí, el querer y el cuidar van unidos: si quieres a alguien, lo cuidas. Tenerlo claro me permite saber cuándo poner límites, me permite protegerme. Tal y como yo lo veo, si no existe ninguna atención por la otra parte, dudo que esa persona me quiera de verdad.

Por ello, no solo nos vale con aprender a cuidarnos: tenemos que conocernos, saber qué queremos en nuestras relaciones. Conocerte es aprender a identificar cuándo tu cuerpo dice sí, no o no sé. Cuándo necesita parar o seguir adelante. Es también tener claros tus valores, lo importante para ti, lo que quieres conseguir, lo que quieres vivir y lo que no. Por supuesto, no se trata de saberlo todo, sería imposible, porque todo en nosotras fluctúa, incluso los gustos. Conocerte es la actitud de estar atenta a tus preferencias, deseos y necesidades, y ser coherente con ellos. Conocerse es cuidarse, y eso influye positivamente en nuestros vínculos.

Para algunas personas, saber cómo empezar puede ser difícil, así que comenzaré hablando de los valores mínimos, aquellos que debemos esperar que se cumplan en nuestras relaciones la mayoría del tiempo, para que sepas delimitar lo que es querer en una relación. Muchas veces nos hacemos daño tanto idolatrando como no exigiendo nada a nuestros vínculos, por eso hablaremos de manejar expectativas. También sobre límites y cómo identificarlos. Te enseñaré algunos ejercicios de autoconcepto y autoestima para que te ofrezcas el lugar que mereces; por último, aprenderás sobre regulación emocional, un aspecto básico para entender las señales de nuestro cuerpo y atrevernos a afrontar los conflictos de forma asertiva. Cuando hablamos de cuidados propios, la literatura es extensa. No solo podemos cuidarnos dentro de un vínculo, sino también en otros aspectos —nutrición, sueño, organización, toma de decisiones, ocio, etc.—, pero en este capítulo hablaremos de los fundamentales en las relaciones.

SABER LO QUE QUIERO EN MIS RELACIONES

No es fácil saber lo que queremos en nuestras relaciones. Y no lo es porque lo aprendemos a través de la práctica, del ensayo-error, lo cual requiere tiempo y experiencia. Por ejemplo, tienes una amiga, vuestra relación se rompe, analizas lo que ha salido mal y detectas aspectos que no quieres que se repitan en tu próxima relación. Elegimos nuestros mínimos, es decir, lo que creemos fundamental en un vínculo íntimo, que debe estar sí o sí y que, por tanto, buscaremos en el futuro. Pero ¿todo el mundo realiza este análisis? ¿La gente establece sus mínimos? ¿Y en qué se basan? No, no todo el mundo hace este análisis y no todo el mundo se basa en los mismos criterios. Sería ineficaz elaborar una lista de todos los posibles. No obstante, tal y como decía al principio del libro, hay ciertos mínimos que deben ser universales, tres aspectos en las relaciones íntimas muy simples de evaluar, la traducción de la responsabilidad afectiva en valores. Estos nos indican si la relación funciona o no. Son el respeto, que debe estar en todas, la admiración y la reciprocidad. Vamos a analizar el papel de cada aspecto en las relaciones sexoafectivas, en la amistad y en la familia, para que tengas más claro qué querer y esperar de tus vínculos.

Relaciones sexoafectivas

En las relaciones sexoafectivas donde la intimidad aún es pobre, es difícil establecer la admiración y la reciprocidad desde el principio. Apenas conocemos a la persona ni hemos pasado tiempo con ella. Sin embargo, la intención de poner en marcha estos dos valores desde el principio es crítica para el avance íntimo de ese vínculo. Debemos comprobar si estos tres valores están presentes en el curso de la interacción. Por último, también es relevante saber qué clase de relación sexoafectiva encaja más contigo. No hay un solo tipo. Conocer las diferentes opciones te ayudará a encontrar lo que quieres.

Los mínimos deseables

Como sabemos, el **respeto** es la base de cualquier relación. Al principio, en este tipo de interacciones suele haber un periodo de seducción. En este periodo, todo parece perfecto, mostramos y nos muestran la mejora cara. A medida que pasa el tiempo, cuando se establece la relación íntima, el respeto puede flaquear o incluso desaparecer. Como vimos, si la persona muestra claros indicios de abuso psicológico, no está funcionando y es mejor que salgas de ahí, aunque creas que esa persona te admira y que eso justifica sus actos. Sin respeto, no hay amor real.

La **admiración** juega un papel muy importante en las relaciones afectivas. Por lo general, cuando nos acercamos a una persona con la que queremos establecer una relación es porque vemos en ella algo que nos gusta, ya sea el físico u otra característica llamativa (baila bien, es simpática, es graciosa...). A medida que pasa el tiempo descubres más aspectos que equilibran los negativos. La admiras en su totalidad. La admiración no es inmediata, sino que implica cierto grado de conocimiento de la persona. Y aunque es difícil admirar a alguien que acabas de conocer, la actitud para conocer a alguien con quien te apetecería conectar de forma más íntima debe partir de la curiosidad por saber más y, al fin y al cabo, de encontrar aspectos que te gusten y aprecies.

Si te acuestas con alguien varias veces y en todas percibes que tu vida no importa, que solo quiere practicar sexo, que muestra cero o poco interés por conocerte, la relación está destinada a un nivel muy bajo de intimidad, es decir, sexo, o a que termine. La mayoría de las personas necesitan sentirse reconocidas para tener relaciones íntimas satisfactorias, no solo deseadas por tener un físico que atraiga a la otra persona.

Las relaciones sexoafectivas sin reconocimiento
están destinadas a quedarse en un nivel bajo de
intimidad —y no hay nada de malo en ello—
o al sufrimiento de una de las partes si esta
busca una conexión más profunda.

Por otra parte, en una relación sexoafectiva, a medida que pasa el tiempo, la **reciprocidad** es más necesaria. Requiere un esfuerzo en los cuidados mutuos. Algunos ejemplos serían estar disponible cuando se necesite y que esto sea correspondido, proponer proyectos comunes donde no prevalezcan siempre los intereses de una parte, que ambas inicien las conversaciones cuando se perciba un desacuerdo importante, etc. No se trata de llevar la cuenta, sino de esforzarse por alcanzar el equilibrio y devolver con gratitud los cuidados que recibimos. Estarás de acuerdo en que, si tu pareja deja de consolarte cuando te sientes mal, siempre eres tú la que se disculpa, la que inicia los temas de conversación importantes o incómodos, y no tiene en cuenta tus deseos o preferencias, no sentirás que estás en una relación equilibrada.

Aunque pensemos que el amor se mantiene
de una forma altruista, no es así. El amor no lo puede
todo, necesitamos saber que somos importantes para la
otra persona, no solo con palabras, sino con hechos.

«¿Esto significa que tengo que admirar a toda persona con quien quiera pasar una noche y ser recíproca con ella?». Sin duda, no. Sin embargo, creo que esperar una gran conexión íntima sin estos dos valores es engañarse. ¿Te imaginas pasar treinta años de tu vida con alguien que no ve nada bueno en ti y que no te corresponde en cuidados? ¿Considerarías que es una buena relación, una gran relación íntima satisfactoria? Como ves, hay muchas personas que se engañan a sí mismas.

Por otro a lado, ni que decir tiene que no pasa nada si buscamos relaciones con un nivel de intimidad bajo y un alto grado de conexión sexual. De hecho, el *cruising* es la práctica de relaciones sexuales esporádicas, consentidas y no explotadas (al contrario de la prostitución), donde se practica sexo sin el proceso de conocer a la persona. En ese caso, es difícil generar admiración en estos encuentros breves, más aún reciprocidad. No obstante, a través del consentimiento y el acuerdo en las prácticas sexuales, el respeto siempre debe estar presente. No solo existe el *cruising*. Hay muchísimos espacios en los que la práctica sexual se puede llevar a cabo con una o varias personas sin buscar un mayor grado de intimidad. Las reglas de estos encuentros son diversas, pero, desde luego, consentidas. En este caso, la admiración y la reciprocidad no tienen que estar obligatoriamente presentes, ya que el objetivo de estos encuentros no suele ser generar intimidad con la o las personas con las que se practica sexo, al menos al principio.

Por lo tanto, que la admiración y la reciprocidad sean aspectos cruciales en la relación sexoafectiva depende del nivel de intimidad que se quiera conseguir, teniendo en cuenta que la intimidad no es sinónimo de actividad sexual, sino de intensidad, cercanía y calidad en la relación. Por otro lado, cuando decimos que las relaciones afectivo-sexuales deben ser recíprocas, se tiende a pensar que en el sexo se debe obtener lo que se da a partes iguales y de la misma forma. No es así.

Las relaciones sexuales son más complejas. Los cuidados recíprocos en el sexo también —y sobre todo— implican acuerdos, consentimiento, el intento de averiguar qué prefiere la otra persona, pero no requiere que los gustos y acciones de tu pareja deban ser iguales a los tuyos. Por ejemplo, que practiquen sexo oral contigo no conlleva la obligatoriedad de hacerlo tú con la otra persona, o si te apetece sexo cuatro veces a la semana, pero a tu pareja sexual no, ella no está obligada a hacerlo. Eso sí, si ambas partes consienten de forma libre, siempre se puede negociar otra manera de hacer las cosas.

Tener diferentes preferencias sexuales nos hace más o menos compatibles en el sexo, pero no egoístas. Sin embargo, es muy distinto tener diferentes gustos y preferencias a olvidarse del placer de la otra persona. Es un intercambio mutuo, no un servicio unidireccional.

Tipos de relaciones sexoafectivas

Para saber qué quieres en esta área te vendrá muy bien conocer los tipos de relaciones. Puede que lo tengas claro o puede que no. O quizá lo tengas claro, pero la persona con la que quieres vincularte busque algo que no conocías hasta ahora y te apetezca saber de qué se trata. Si ninguna de estas opciones es tu caso, como el saber no ocupa lugar, te invito a que le eches un vistazo.

Solemos pensar que las relaciones monógamas son más

fáciles porque no hay que aprender a relacionarse de «esta forma moderna». Puede ser cierto en la medida en que la monogamia nos es más conocida y nos resulta más intuitiva, pero lo tradicional no es sinónimo de lo mejor, porque no todas deseamos lo mismo. Además, debemos aprender a ajustar nuestras necesidades en cada relación, sea monógama o no. Ten en cuenta que el aprendizaje se requiere en todas ellas.

En cualquier relación sexoafectiva en la que queramos generar intimidad tendremos que poner límites, gestionar los celos, lidiar con el miedo al abandono, llegar a acuerdos, etc., así que esta puede ser una buena oportunidad para ser sincera con cómo prefieres relacionarte. Explora a nivel conceptual o de cualquier forma que consideres apropiada. Investigar no tiene que hacerte cambiar de opinión, puede incluso que te mantengas más en tu idea. Lo imprescindible es que, cuando lo tengas claro, actúes conforme a lo que has decidido. No seas infiel si quieres una relación monógama, no exijas exclusividad en una relación abierta. Explora y trabaja en la coherencia que, desde la libertad, has decidido construir. Eso es ser responsable afectivamente. Veamos una breve clasificación.

Monogamia. La relación es de dos y está cerrada a nivel emocional y sexual. Aunque amar o sentirse atraída por otra persona forma parte de la naturaleza del ser humano, en la relación monógama el compromiso y el contacto sexual se limitan a una persona.

Swingers. Personas que intercambian la pareja con otra por diversión de manera consensuada.

Relación abierta. Pareja que decide que cada parte, si quiere, puede tener relaciones esporádicas con otras personas.

Poliamor. Relaciones sexoafectivas con dos o más personas en las que todas son conscientes y sinceras.

- **Trieja.** Relación de tres en la que todas se aman o mantienen relaciones.
- **Triángulo.** Una persona tiene relaciones con dos, pero estas dos no las mantienen entre ellas. Sin embargo, conviven juntas.
- **Polifidelidad.** Relación cerrada de tres o más personas.
- **Jerárquico.** Hay una pareja principal y las otras relaciones no comparten el mismo nivel de compromiso. Existe una relación primaria y las otras son secundarias.
- **No jerárquico.** Todas las parejas son iguales.

Anarquía relacional. Las relaciones no se someten a categorías o reglas establecidas, ni siquiera las de amistad.

Relaciones de amistad

Para que podamos decir que una persona es «amiga de verdad» se tienen que cumplir tres requisitos:

1. La persona debe respetarte.
2. Debe ser alguien que te guste, que aprecies, con quien quieras pasar tiempo.
3. Tiene que corresponderte de alguna manera.

Esos tres valores —respeto, admiración y reciprocidad— son básicos y necesarios en las relaciones de amistad.

Los mínimos deseables

Ya hemos hablado del **respeto**, pero vale la pena hacer hincapié en este tema, dado que en estos vínculos también suele romperse. Ocurre cuando nos humillan, nos ponen en evidencia delante de otras personas, nos hablan mal, nos insultan, etc. Si tu relación de amistad tiene mucho de esto, tiene poco de «amistad». No es lo que deberías querer.

Por otra parte, la **admiración** es imprescindible, dado que, si no existe, podemos sospechar que lo que se valora de la relación no somos nosotras, sino algo que nos pertenece, como el estatus en el grupo, el dinero, el acceso a ciertos privilegios, etc. Suele ser muy común que las personas se relacionen con otras por intereses ajenos a la amistad. Alguien en consulta me contó que su grupo de amistades era de alguna forma «popular» y que se había dado cuenta de que muchas personas se acercaban a él para estar en ese grupo y asistir a ciertas fiestas exclusivas. Se sentía utilizado, ya que, al cabo de un tiempo, cuando las personas que conocía terminaban formando parte de ese grupo, la relación dejaba de ser íntima. Otras personas me han contado historias de falsas amistades que se acercaban a ellas cuando conseguían un ascenso o cuando tenían un local donde siempre caía una caña gratis. Ni antes ni después.

La persona debe ser un fin en sí misma,
no un medio para conseguir algo.

No pretendo alentar una visión paranoide de las relaciones de amistad, pero tampoco infantil. Lo que funciona atrae. Es normal que las personas se acerquen a ti cuando todo te va bien, y no por ello quieren aprovecharse. Sin embargo, me gustaría que tuvieras en cuenta que, para categorizar a alguien como amistad —aparte de buscar o no lo que tenemos— nos deben querer por cómo somos, y tenemos que preguntarnos si existe una admiración genuina por su parte o no. Esto nos ayudará a saber dónde marcar los límites.

Por último, hablemos de la **reciprocidad** en este tipo de relaciones. Al principio tendremos muchas conductas de ayuda y disponibilidad desinteresada, lo que nos servirá para consolidar la amistad, pero el altruismo es insostenible en el tiempo. Estoy segura de que no pretendemos que la disponibilidad que ofrecemos sea una moneda de cambio, pero sería ilógico decir que no esperamos nada, absolutamente nada, de nuestras amistades. Estaremos de acuerdo en que te sentirás decepcionada si, con el paso del tiempo, tu amiga está cada vez menos disponible cuando la necesitas, no te llama para hacer planes a no ser que tú le escribas o no se preocupa por cómo te encuentras si no necesita desahogarse contigo. Para que la relación de amistad sea íntima necesitamos trabajar en la reciprocidad. Los cuidados han de ser mutuos. Pero eso no quiere decir que esperes algo a cambio cada vez que ayudes o que debáis hacer justo lo mismo. Estás en tu derecho de considerar que la relación es desigual cuando eres tú, y solo tú, la que la mayoría de las veces alimenta vuestro vínculo.

Tipos de relaciones de amistad

Clasificar las relaciones por categorías te ayudará a establecer límites y a manejar tus expectativas.

Amigas. Mantienes con ellas una relación estrecha, sincera, te muestras como eres. Quieres pasar tiempo con ellas porque te hace feliz estar a su lado, cuentas con que estarán para lo bueno y para lo malo, y, si te apetece, te sientes libre para hablarles de tu vida.

Conocidas. Personas que conoces porque compartís ambientes comunes —el instituto, el trabajo, las clases de yoga...— o mantenéis otros vínculos (es colega de tu hermana, por ejemplo). Podéis ir a tomar un café, salir de fiesta o sabes que te ayudarán en algo puntual. Sin embargo, no forman parte de tu día a día, no tienes intimidad con ellas. El único valor imprescindible es el respeto.

Situar a cada persona en su lugar evita confusiones, evita pedir de más o de menos. No tendría sentido esperar que María «la de yoga» te escuchase quejarte dos horas mientras le hablas de la ruptura con tu ex; quizá te sientas más cómoda si lo haces con una de tus mejores amigas. Viéndolo de otra manera, puede que te decepcione más que tu mejor amiga no te pregunte cómo estás en cuatro semanas que si María «la de yoga» se olvida de hacerlo. Muchas veces esperamos de manera errónea que ciertas personas conocidas se comporten como amigas cuando aún no existe una intimidad con ellas. Y también en ocasiones tratamos como amigas a personas que son simples conocidas. Aquí se abre la opción de «reformular la categoría» de algunas amistades. Esto no supone romper el vínculo, sino reducir las expectativas que tenemos sobre él. Quizá de este modo la relación funcione mejor.

¿Te suena esta situación? «Patri es una amiga con la que disfruto muchísimo al salir de fiesta, pero no puedo contar con ella para hablarle de mis problemas. Desde que lo entiendo así, no hay discusiones, ni por mi parte ni por la suya, y cuando nos vemos lo pasamos muy bien».

Suena a que alguien disfruta con la versión *free* de Patri, porque la *premium* le sale muy cara a nivel emocional. Y qué bien que sea así. ¿Te imaginas tener que pagar *premium* en cada programa que utilices? Demasiado caro.

¿Cuándo debes bajarla del *premium* (que pase de amiga a conocida)? He aquí algunas sugerencias:

- Cuando sabes mucho de esa persona, pero ella no sabe mucho de ti.
- Cuando siempre te juzga y rara vez asume que tienes buenas intenciones.
- Cuando se sostiene la relación porque tú insistes.
- Cuando intentas estar si lo necesita, pero no ocurre así de vuelta.
- Cuando asume que puedes adivinar lo que piensa o te pide siempre cosas que no puedes darle (todo tu tiempo, por ejemplo).

- Cuando debes adaptarte o esconder quién eres para evitar problemas.
- Cuando sientes que estás en una competición constante.

Si tu amiga te humilla, se ríe de ti, te denigra, etc., el respeto se ha roto. Ni es amiga ni es una colega. No hay que bajarla de categoría. Simplemente, no debe tener ninguna.

Relaciones familiares

Las relaciones familiares suelen ser nuestro primer entorno de aprendizaje. Por ello, cobran mucha importancia a la hora entender nuestro desarrollo social y afectivo. Los valores imprescindibles en la familia son distintos a los del resto de los vínculos porque esta parte de una estructura jerárquica, a excepción, a veces, de algunas posiciones igualitarias, como las de hermana o prima. No obstante, para que una relación familiar funcione, es imprescindible guardar el respeto. La reciprocidad y la admiración no son necesarias, a no ser que ese familiar se convierta en amigo o amiga.

Los mínimos deseables

Para que las relaciones familiares sean satisfactorias, el **respeto**, como base de cualquier relación, debe estar presente. Sin embargo, la familia tiene una característica específica: una estructura jerárquica vertical que lo cambia todo.

El respeto se puede perder en todas las direcciones. A veces se cree que las personas que están en la zona superior de la jerarquía pueden faltar a él. Esta situación se da cuando los padres o las madres convierten la relación con sus hijos e hijas en una dictadura en la que sus preferencias, deseos, opiniones, etc., se desprecian e incluso se les humilla. Hay una demanda continua de lo que el hijo o la hija debería ser o querer, no una aceptación incondicional. No hay respeto. Y también pasa con los hermanos y hermanas mayores.

Los hijos e hijas también hieren a las personas que están en la parte superior de la jerarquía de formas infinitas y deliberadas, en especial a las madres, cuando las creen esclavas y sirvientas, aunque no se den cuenta. Algunas personas creen que todo vale cuando intentan revelarse ante quienes «dominan su vida». La jerarquía, de nuevo, lo cambia todo. En cualquier caso, la relación de familia no es emocionalmente sostenible en ninguna de estas situaciones, y las consecuencias de estas relaciones destructivas tienen efectos negativos incluso muy a largo plazo. El respeto debe darse en ambas direcciones.

Por el contrario, si en nuestra familia se mantiene la dignidad y la libertad de las personas con independencia de su posición en la jerarquía, las relaciones funcionarán bien. Así que lo que debes favorecer en tu familia —pues tienes derecho a quererlo y reclamarlo, ya seas hijo, hija, hermano, hermana, madre o padre— es el respeto. Sin esto, será difícil construir y mantener la confianza, la cercanía o cualquier otra característica fundamental de las relaciones íntimas.

Por otra parte, la admiración y la reciprocidad son deseables, pero en este caso no son necesarias. Aun sintiéndolo, tengo que decirte que no debes admirar a tu familia por el mero hecho de serlo. La admiración no puede forzarse y, aunque tenemos la capacidad de encontrar en las personas cualidades que nos encanten, no todo depende de nuestra actitud. De hecho, nuestra familia no lo es por decisión propia. Hay personas felices de estar rodeadas por sus familiares y encuentran en ellos aspectos que admirar. Otras hubieran deseado no formar parte de esa familia. Y otras tantas, que mantienen relaciones satisfactorias con sus familiares, no los admiran, pero funcionan igual de bien.

La **admiración** no suele ser necesaria para que la familia funcione. Eso sí, tanto las madres como los padres deben reconocer y aceptar a sus hijos e hijas de forma incondicional para facilitarles un buen desarrollo, aunque esto no tiene por qué incluir admiración. Lo normal, si todo funciona, es que admiremos a las personas que nos cuidan y que ellas también nos admiren, que se sientan orgullosas de nosotras y, de alguna forma, nosotras también de ellas.

Es lícito no admirar al padre, a la madre o a cualquier otro familiar, es válido, y me atrevería decir que es tan común como admirarlos.

Con esto quiero decir que, aunque deseable, la admiración no es necesaria para que la relación se mantenga en el tiempo. No tendría sentido castigarte porque no ves en algún familiar algo que te enorgullezca. Y aunque lo normal es verlo, si no ocurre, no eres mala persona. Si os respetáis, todo irá bien. Recuerda: tú no eliges a tu familia.

Con la **reciprocidad** ocurre lo mismo: cuanto más vertical sea la relación en la familia, menos reciprocidad se necesitará para que funcione. Por ejemplo, una madre tendrá que ofrecer cuidados constantes a su hija de seis años, pero la niña no podrá corresponderle de forma voluntaria. Ni siquiera a los dieciséis, aunque muchas personas dicen encontrar esa reciprocidad en el amor que les llega de vuelta por parte de sus criaturas. A eso lo llamaremos «reciprocidad jerárquica». Es algo como «yo te cuido y tú haces las tareas que te pido». Así se mantiene el equilibrio.

Sin embargo, esta no es la reciprocidad de la que estamos hablando. En las relaciones familiares hay un desequilibrio de cuidados desde el principio y durante la mayoría del tiempo. Al comienzo, porque nuestra madre y nuestro padre son quienes nos proporcionan todos los cuidados, y después, porque seremos nosotras las que les devolveremos estos cuidados en la vejez. Pero, aunque no nos hagamos cargo de ellos, esto no supondrá que tengamos una mala relación con nuestro padre o madre. De hecho, me atrevo a decir que hay muchos hijos varones que no se hacen responsables de sus progenitores cuando los necesitan y no por ello la relación entre ellos va mal, al menos en nuestra cultura. Aunque me temo que esto no es más que una consecuencia del patriarcado.* Como he dicho al principio del libro, para mí querer y cuidar van ligados, pero los datos son los datos, y las relaciones familiares no

---

* El 95 por ciento del empleo a tiempo parcial por motivos de cuidado lo realizan mujeres, y nueve de cada diez permisos para el cuidado de familiares los solicitan mujeres («Mujeres en cifras», Ministerio de Igualdad, 8 de marzo de 2022). < https://www.inmujeres.gob.es/MujerCifras/Infografia/Docs/marzo_1.pdf>; <https://www.inmujeres.gob.es/MujerCifras/Infografia/InfografiaMeses.htm>; <https://www.inmujeres.gob.es/MujerCifras/Infografia/InfografiaMeses.htm>.

se suelen romper por la ausencia de reciprocidad de cuidados, ya que no se mantiene durante todo el ciclo vital.

Una forma de ser irresponsable afectivamente en la familia es al reclamar reciprocidad emocional cuando las posiciones están muy alejadas en la jerarquía. Existen familiares que exigen a sus adolescentes que se posicionen en un divorcio, que los consuelen o ayuden con sus problemas personales, que dejen de salir con sus amistades para acompañarlos cuando se sienten mal, etc. Esto es irresponsable porque supone invertir el rol. La cuidadora pasa a ser cuidada. Además, la relación no es equilibrada porque ambas personas están en distintos niveles de desarrollo cognitivo, emocional, intelectual y físico. Si eres adolescente y te suena esta historia, te aconsejo que marques límites. Pero no desde la rabia, sino desde la sensatez y la asertividad. Nuestras cuidadoras no son perfectas. Muchas veces no saben que lo que hacen no está del todo bien. Más adelante te mostraré cómo hacerlo.

En resumen, el mínimo esperable en las relaciones familiares es el respeto. La admiración puede darse o no, y si se da será estupendo. Por lo que se refiere a la reciprocidad, tal y como se plantea en este libro no es necesaria, incluso a veces no tendrá sentido. Sin embargo, si tu familiar —ya sea tu prima, tu hermano o tu tía— se convierte en una amistad, entonces será sensato esperar que se cumplan estos tres valores.

Tipos de relaciones familiares

El objetivo de este apartado no es analizar todos los tipos de familias (hay muchas clasificaciones al respecto); sin embargo, para que seas consciente de la complejidad y diversidad que existe, haré referencia a la distinción más importante en lo que respecta a impacto psicológico y resumiré algunas de sus diferentes formas.

Familias disfuncionales. Se caracterizan por conflictos regulares y constantes. La mala conducta, y muchas veces el abuso que proviene de una o más personas, lleva a otros miembros a acomodarse a tales acciones, tanto que pueden llegar a creer que estas son normales. La disfuncionalidad suele ir desde discusiones continuas, adicciones en algún miembro de la familia, hasta abuso físico y sexual. Por lo tanto, varían en gravedad. Suele ser en estos contextos donde la admiración no se produce e incluso se desea y puede ser beneficiara la distancia y la ruptura de los vínculos. Al mismo tiempo, es cuando más difícil resulta la emancipación o la separación. Pertenecer a una familia disfuncional puede tener muchos efectos negativos en la salud mental, por ello es importante que quien sufra en este contexto busque ayuda, pero también lo es que el resto luchemos para que existan recursos públicos disponibles en estos casos. Lo personal es lo político.

Familias funcionales. En estas, aunque el conflicto puede darse y, de hecho, se da, no es sistemático ni posee características destructivas. Aquí el respeto, la admiración y la reciprocidad jerárquica suelen estar presentes y la familia tiende a facilitar el desarrollo y los objetivos de cada uno de sus miembros.

La familia disfuncional o funcional puede darse en cualquiera de estos subtipos familiares:

Familia unipersonal. Formada por una sola persona (viudas/os, solteras/os, etc.).

Familia nuclear. Compuesta por dos personas (independientemente del género) con o sin descendientes.

Familia extensa. Parientes consanguíneos como abuelos/as, tíos/as o primos/as.

Familia monoparental. Compuesta por una persona y sus descendientes. El peso del cuidado cae sobre esta.

Familia de progenitores separados. A diferencia de la monoparental, las dos personas siguen cumpliendo su rol como progenitores.

Familia reconstituida. Pareja en la que algunos de los miembros o ambos son divorciados o viudos y tienen descendientes de una unión anterior.

Familia multinuclear. Compuesta por la familia nuclear y por personas sin parentesco (familias con hijos/as adoptados/as; dos familias que conviven juntas, pero son amigas, etc.).

Familia DINK. Parejas que posponen el tener descendientes o renuncian a ello.

Familia LAT (Living Apart Together). Parejas que no viven juntas a pesar de tener una relación estable.

En el siguiente cuadro encontrarás un resumen de los tres apartados que hemos visto hasta ahora. Convertir estas relaciones en unos espacios ricos que funcionen la mayoría del tiempo dependerá de lo buenas que seamos manejando expectativas, marcando límites, llegando a acuerdos, etc., y, por supuesto, comunicándolo todo de forma efectiva.

Valores mínimos en las relaciones	
Sexoafectivas íntimas Monogámicas o no	Respeto, admiración y reciprocidad.
Encuentros sexuales esporádicos	Respeto (imprescindible cumplir las reglas y el consentimiento).
Amigas	Respeto, admiración y reciprocidad.
Conocidas	Respeto.
Familiares Jerarquía clara establecida	Respeto, admiración deseable y reciprocidad jerárquica.
Familiares con los que mantenemos una relación de amistad (primos/as, hermanos/as, tíos/as, etc.)	Respeto, admiración y reciprocidad.

MANEJAR EXPECTATIVAS

Esperas que un perro ladre, que un gato maúlle y que las casas tengan puertas y ventanas. Esperas que una profesora lleve zapatos al entrar en clase y no que vaya descalza, o que tu padre tome café con el desayuno, no un granizado de fresa. Aunque existan excepciones en que estas situaciones se produzcan por algún motivo, dada nuestra experiencia con el mundo, esto es lo que nuestro cerebro espera sin que nosotras lo hayamos ordenado. Lo sabemos porque, de lo contrario, nos sorprenderíamos: «Papá..., ¿qué haces tomando granizado a estas horas?».

«Yo de la gente ya no espero nada». Tememos que lo que esperamos no se cumpla porque sabemos que eso duele. Sin embargo, es imposible no esperar nada. Y aunque nuestras expectativas sobre la gente pueden modificarse, es difícil evitar tener una idea preconcebida de cómo pueden actuar. Por eso, cuando decimos «Yo ya no espero nada» en realidad queremos decir «Si espero algo de alguien, me voy a hacer daño». Y eso podría ser positivo si no fuese porque, cuando nos han decepcionado muchas veces, tendemos a reducir nuestras expectativas hasta un punto extremo que nos lleva a ponernos a la defensiva. Es decir, lo típico es pasar de esperar mucho de las demás a esperar que nos traten mal. Pero, como ves, siempre seguimos esperando algo, ya sea malo o bueno.

No podemos no esperar. No podemos no generar expectativas. Nos gustaría, pero es casi imposible desconectar de las ideas preconcebidas. Entonces ¿cómo las manejamos?

No te culpes por tener expectativas, son necesarias para adaptarnos al entorno y protegernos, pero hazte responsable de ellas, examínalas. Asegúrate de que lo que esperas es coherente y realista.

Lo ideal para manejar nuestras expectativas es saber identificarlas, analizarlas y aceptar que tienen un mínimo esperable. Debemos admitir que esperamos algo de las personas que nos rodean, y que eso está bien. También que en nuestras relaciones es justo pedir unos mínimos coherentes con el tipo de vínculo. Sin embargo, es importante asegurarnos de que eso que esperamos tiene sentido, que no se trata de una fantasía o de algo injusto. A continuación encontrarás algunas claves para ser más realista en el manejo de lo que esperas.

Acepta

Como hemos visto, tener expectativas es normal y necesario. Si queremos construir relaciones responsables, sería un error caer en el relativismo puro. No todo está bien, no todo es justificable, tampoco lo que la otra persona te comunica de forma exquisita (que se comunique contigo asertivamente no exime de que se esté comportando mal en otro aspecto). Debemos esperar ciertas conductas apropiadas de las personas que nos rodean.

Ten claro lo que es justo

Como no podemos controlar el tener expectativas, el dilema debe ser este: «¿Cuáles de las expectativas que tengo sobre esta relación forman parte del mínimo esperable?». En otras palabras, ¿qué expectativas son justas? El mínimo esperable universal es el respeto. Independientemente del tipo de relación que tengas, si este componente falta, debes establecer límites. No podemos no esperar nada. Como mínimo, debemos esperar respeto. Los demás límites los decides tú, como ya sabes. Para mí, la reciprocidad y la admiración son deseables en la mayoría de las relaciones íntimas. Recuerda la tabla-resumen del apartado anterior.

Ten claro lo que no es justo

Pero, claro, el respeto puede malinterpretarse. Para tu padre, que te pintes el pelo de rosa puede ser faltarle al respeto, pero para tu pareja lo será que hables con un amigo. Si tienes claro lo que significa este valor, distinguirás que estos comportamientos no suponen una falta de respeto, aunque se enmascaren de este modo. En todo caso, forman parte de los mandatos sociales, de las reglas implícitas y explícitas que nos dicen cómo tenemos que comportarnos según el tipo de relación. Estas expectativas sociales terminan influyendo de manera negativa en nuestras relaciones.

Voy a ponerte algunos ejemplos para que aprendas a identificar qué expectativas son irrealistas o injustas, ya vengan de ti o de otra persona. No toleres lo que no es tolerable, no exijas a las demás lo que no es su responsabilidad. Mantén a raya tus expectativas y las de la gente.

Veamos algunos ejemplos de expectativas sociales que nos condicionan:

- **Relaciones sexoafectivas:**
  «Tengo que pasar la mayor parte del tiempo con mi pareja».
  «Tengo que vivir con mi pareja y casarme con ella pasado un tiempo».
  «Si tengo pareja, no puedo quedar con personas del sexo que me atrae».
  «Si no tiene ganas de sexo es porque no me quiere».
  «Mi pareja tiene que saber lo que quiero sin que se lo diga».

«Tengo que demostrar afecto y amor a mi pareja todo el tiempo».

«Tengo derecho a saber dónde está mi pareja y qué hace».

«Tengo derecho a opinar sobre la vida de mi pareja y decirle lo que tiene que hacer».

«Mi pareja tiene que llenarme en todos los aspectos».

«Los celos son una prueba de amor».

«Cuando se está enamorado no te gusta otra persona».

...

- **Relaciones de amistad:**
  «Las amistades deben comprenderlo todo».

  «A las amistades de toda la vida se les perdona y se les tolera todo».

  «La ruptura de una amistad duele menos que la de una pareja».

  «Las amistades me tienen que hacer feliz».

  «Cuantas más amistades tenga, mejor».

  «Hay algo raro en la gente que no tiene muchas amistades».

  «Las buenas amistades no hay que trabajarlas».

  «La amistad surge de manera natural».

  «Si tengo muchas amistades, no me sentiré sola».

  «Los hombres y las mujeres no pueden ser amigos».

  «La buena amistad no defrauda nunca».

  «Por una buena amistad se hace de todo».

  ...

- **Relaciones familiares:**
«La familia es lo primero».
«En la familia todo se perdona».
«Tienes que entenderlo, es de tu sangre».
«Pase lo que pase, la familia debe estar unida».
«En la familia siempre se han hecho las cosas así».
«Solo hay un modelo válido de familia».
«Lo qué pase en familia se queda de puertas para dentro».
«Tienes que apoyar siempre a tu familia».
«La madre se encarga de la casa y los cuidados, y el padre, de trabajar».
«Tanto padres como madres pueden educar usando la violencia si es necesario».
«Los abuelos y abuelas no entienden».
«Los hijos y las hijas tienen derecho a exigir a su padre y a su madre, que para eso lo son».
«Una buena madre o un buen padre lo aguanta todo por sus hijos e hijas».
«Siempre se debe hacer caso a las personas mayores».
«Una buena madre no disfruta sin sus hijos e hijas».
...

Ten claro qué tipo de relación es

¿Es amistad? ¿Una conocida? ¿Es una relación poliamorosa? ¿Es anárquica? ¿El rollo de una noche? ¿Es mi madre? ¿Mi hija?

Es necesario expresar nuestras expectativas en las relaciones. Aunque pertenezcamos a una generación en la que pensemos que las etiquetas en las relaciones oprimen, la realidad es que aportan sentido y calma. Queramos o no, nos ofrecen las normas por las que regirnos. Puede que no tengas claro dónde enmarcarla o que aún no quieras ponerle un nombre. Sin embargo, que no lo tenga no exime de ser responsable en una relación. Así que, en su lugar, podemos definirla con nuestros propios términos preguntándole a esa persona cómo percibe esa relación y delimitando juntas sus márgenes. Por ejemplo, ¿qué significa para ti «nos estamos conociendo»? ¿Provocaría un conflicto que conociéramos a otras personas al mismo tiempo? Si conoces a mi hermano, ¿te parece que estamos dando un paso más? No solemos hacer estas preguntas hasta que la incertidumbre y la angustia nos las piden. Pero tener la posibilidad de hacerlas desde el principio nos ofrece el mapa en el que movernos y nos permite manejar nuestras expectativas porque lo que esperamos está definido, no es una fantasía.

> **Si necesitas saber en qué tipo de relación te enmarcas, tienes derecho a hacerlo. Es lícito. No eres una persona dependiente u obsesiva por preguntarlo. Al contrario, más bien intentas gestionar las expectativas de forma sana.**

En la categoría sexoafectiva es donde más se aprecia la importancia de definir las relaciones, pero en la familia y en la amistad también es importante preguntarnos qué tipo de relación tenemos y concretar sus mínimos. Unas veces esperamos mucho de conocidas que no son amigas y otras queremos convertir relaciones jerárquicas en horizontales.

Practica el pensamiento coherente

Hacer funcionar todo lo anterior no es fácil. Para ayudarte, piensa en una relación íntima que mantengas con alguien y respóndete a las preguntas que encontrarás a continuación. Quizá te ofrezcan pistas sobre lo realistas que son tus expectativas: si vienen de una necesidad individual o de un mandato social, si el escenario que imaginas es posible o si lo que quieres pedir es justo o no.

- **Análisis general:**
  «¿Cómo defino nuestra relación?».
  «¿Tengo la certeza de que la otra persona la define como yo?».
  «Según el tipo de relación, ¿cómo espero que se comporte conmigo y cómo debo comportarme yo? Es decir, ¿cuáles son nuestros mínimos?».
  «¿Coincide con lo que la sociedad espera?».
  «Si es así, ¿es eso lo que yo quiero? ¿Debo o debe cumplirlo porque la sociedad lo espera? ¿Incumplo alguna norma o derecho si no lo hago o no lo hace?».
  «¿Cómo cambian mis expectativas de la relación tras estas preguntas?».

- **Análisis específico:**
  «¿Qué me ha decepcionado?».

«¿Cómo me gustaría que se comportara? ¿Por qué es importante para mí?».

«¿Tengo derecho a demandarlo? ¿Es justo? ¿Es realista esperar eso?».

«Si es así, ¿estoy comunicándolo? ¿De qué forma?».

«¿Podría hacer algo más o de otro modo?».

Otra forma más simple de trabajar las expectativas es reduciendo las **fantasías**, que, en terapia, son las expectativas irrealistas sobre una relación. Fantaseamos con que nuestro padre siempre nos entienda, con tener una mejor amiga impecable y con conseguir una relación perfecta. A veces fantaseamos con todo lo contrario: nuestro padre nos odia, nuestra mejor amiga siempre habla mal de nosotras y nuestra pareja nos es infiel desde el principio.

Detectar cuándo nos invaden las fantasías y dejar de alimentarlas nos ayuda a gestionar nuestras emociones y, por tanto, a generar vínculos sanos. Pero también a ser respetuosas con nosotras mismas. Cuántas veces he oído de amigas, de clientes y de las personas que me rodean fantasías del tipo «Seguro que cambiará... Al principio no era así». Somos capaces de aguantar barbaridades en una relación porque hay un pensamiento que nos hace creer que todo cambiará en un futuro. Nos olvidamos por completo del presente. Para analizar y afrontar tus fantasías, haz lo siguiente:

- Presta atención a tus necesidades. ¿Se están cumpliendo? Esta es la realidad. Comunícalas para asegurarte de que la otra persona lo sabe.
- Pensar que esa persona cambiará no hará que cambie.

Solo los actos nos ofrecen las pruebas necesarias para generar expectativas reales. Quédate con lo que hace, no con lo que dice.

- Diferencia entre lo que sientes por esa persona y lo que te hace sentir. Puedes admirar a alguien y que vuestra dinámica no funcione, o que la forma en que te haga sentir no sea precisamente admirable.
- Si, a pesar de haberlo intentado de diferentes maneras, no te hace feliz, tienes derecho a redefinir el vínculo. Incluso aunque no lo hayas intentado.

Después de este importante inciso, quiero enseñarte un buen método para detectar las fantasías que se esconden en nuestra cabeza. Este ejercicio trata de sincerarnos con nosotras al escribir sin censura sobre lo que esperamos de la otra persona. Leernos es como escucharnos. Y esto es algo que hacemos muy pocas veces.

Lo a gusto que nos sintamos en nuestras relaciones dependerá en parte de si lo que esperamos responde a la realidad, de si esperamos demasiado o demasiado poco según las características de la relación y de lo que esté ocurriendo en ese momento.

Una vez tuve una clienta muy inteligente a la que le enfadaba el chico con el que llevaba quedando un par de semanas, pero no sabía decir qué le molestaba. Reaccionaba con rechazo a todas las cosas que él decía o proponía y al mismo tiempo se daba cuenta de que no estaba siendo coherente.

Estaba preocupada, pues es muy empática y sensible. Entonces le pedí que escribiese en un papel, sin ningún tipo de filtro, todo lo que le gustaría que el chico hiciera por ella, todo lo que le haría sentir a gusto, feliz y segura.

Tras la sesión, se puso en marcha y me mandó un mensaje con todo lo que había escrito:

Lo que me gustaría que hiciera:

- Que cada cierto tiempo me pregunte qué estoy haciendo o cómo estoy.
- Que venga a verme por sorpresa.
- Que sea detallista.
- Que me compre flores.
- Que me proponga planes para hacer en Alemania.
- Que me dedique canciones.
- Que me escriba un «Buenos días» todas las mañanas.
- Que organice una cena romántica en un sitio bonito.
- Que piropee mi personalidad y mi físico.
- Que me llame al final del día para ver qué tal me ha ido.
- Que se interese más por mí: lo que no me gusta, lo que me gusta, mis pasiones, mi pasado, mis amigas...

Sin darse cuenta, estaba esperando de alguien que acababa de conocer que la tratara de una forma muy especial. Incluso de una forma que en algunos aspectos, objetivamente, reconocía que era injusta. ¿Debía recibir un «Buenos días» a diario? A esto se le sumaba que la relación no estaba definida y que ni él ni ella habían comunicado sus expectativas, por lo cual era muy difícil que, tras dos semanas quedando, ocurriese todo aquello que mi clienta esperaba. Este ejercicio la ayudó a entender que debía rebajar sus expectativas respecto al chico. Hablamos en consulta de lo mínimo esperable y comprobamos que eso se estaba cumpliendo. Después analizamos de dónde le venían esas creencias sobre las relaciones (*spoiler*: mitos del amor romántico y relaciones pasadas). De esta manera, pudieron disfrutar de la relación el tiempo que duró.

Ten en cuenta el presente y actúa

Una de las mejores estrategias para mantener nuestra salud mental es entrenar el estar en el presente, es decir, entrenar nuestra atención para que pase el mayor tiempo posible en el ahora. Es común que nuestra atención intente analizar lo que podrá ser o lo que podría haber sido. Pasar mucho tiempo transitando el futuro o el pasado nos aleja del único sitio donde podemos actuar y cambiar las cosas: el ahora.

Si consideras que ciertos aspectos no se están cumpliendo en una relación, no dudes en expresarlos y abordarlos con esa persona. Siempre que entendamos que sean justos, claro. Incluso aunque no haya conflicto, hablar de lo que necesitamos, queremos, esperamos, deseamos... nos aporta el mapa que nos guiará. Ambas personas saben por dónde se mueven y qué necesitan la una y la otra. Si tenemos una necesidad que no se cumple, cuanto más esperemos para comunicarlo, más riesgo tendremos de generar insatisfacción y malestar en la relación. En vez de imaginarte mil veces cómo será la conversación, actúa, comunica, y volverás al presente.

¿Por qué es importante manejar expectativas en las relaciones?

Desarrollar expectativas nos permite dirigirnos a un objetivo: regular nuestra conducta y la de las demás. Sin embargo, no reflexionar sobre nuestras expectativas nos puede llevar tanto a permitir como a exigir algo que no debemos; y ambas, si no se cumplen, generarán sentimientos como la decepción, la frustración o la tristeza.

El respeto, definir la relación, practicar el pensamiento coherente y estar más en el ahora favorecen que las expectativas no sean tan altas y nos llevemos una decepción tras otra, ni tan simples de cumplir que idealicemos a quien las cumpla.

Por último, junto a todo lo anterior, expresar nuestras expectativas o un cambio en ellas aumenta la probabilidad de que tengamos una relación sana y, por tanto, que gocemos de una buena salud mental.

RECONOCER LÍMITES EN LAS RELACIONES

Los límites son las reglas que se fijan en las relaciones y que indican lo que está permitido y lo que no. Algunos los tenemos claros y otros los vamos reconociendo a medida que se desarrolla la relación. El ejercicio de identificarlos es dinámico, es decir, fluctúa a lo largo del tiempo, porque nuestras necesidades cambian y, con ellas, nuestros topes. Como imaginas, no solo tenemos que reconocerlos. Aprender a expresarlos es otro elemento crucial a la hora de cuidarnos y, por supuesto, a la hora de cuidar nuestras relaciones.

¿Cuándo decir «Hasta aquí»?

Reconocer límites te resultará muy fácil si eres consciente de todos tus derechos asertivos, sexuales y reproductivos (anexos 2 y 3), ya que estas serían las reglas lógicas y legales. Pero ¿qué hay del resto?

Frente a los límites que no están tan claros, tendremos que dejarnos guiar por nuestras emociones. Como veremos, las emociones son señales que conviene escuchar en vez de ignorarlas o evitarlas. Indican qué nos molesta, cansa, avergüenza, daña..., o todo lo contrario. Permiten distinguir lo que queremos hacer y lo que no. No son infalibles, pero cuando los límites no están escritos en leyes o en derechos, las emociones son las primeras señales de que algo no funciona como debería. Por tanto, para reconocerlas, tendremos que empezar a poner nombre a cómo nos sentimos cuando nos suceden determinados hechos.

Si sistemáticamente te sientes mal cuando ocurre algo concreto, puede que esa sea la prueba infalible de que necesitas poner una barrera ahí.

Si algo te molesta o daña, reflexiona sobre ello. Hay muchas probabilidades de que se haya traspasado uno de tus límites.

Si nos centramos en tus relaciones, definir dónde necesitas poner un *stop* puede ser más fácil si descubres una situación en la que te sientas mal de forma repetida, es decir, cada vez que pasa. Una vez identificada y descrita la situación que te hiere de forma sistemática, lo siguiente sería comunicarlo de forma asertiva. Pero no solo valdrá con decir lo que te molesta, sino que es importante que añadas una petición (lo que te gustaría que pasara en su lugar) o una consecuencia (lo que ocurrirá si se repite). A lo largo del libro te enseñaré a hacerlo. Por ahora te ofrezco varios ejemplos en los que podrás apreciar cómo se identifican las barreras.

Las emociones y los pensamientos que indican que algo no funciona están subrayados, y en negrita los actos que las provocan y, por consiguiente, lo que tendrás que cambiar.

- «Las últimas veces que hemos salido de fiesta, mi pareja no deja de **bromear sobre nuestros encuentros sexuales**. Eso me da mucha <u>vergüenza</u> y me <u>incomoda</u>. No le veo la gracia y creo que <u>no es justo</u>».

  Límite: «Cuando haces bromas sobre nuestros encuentros sexuales, me da mucha vergüenza y me siento incómoda. No lo hagas más, por favor».

- «Cada vez que mi amiga **llega tarde**, siento que <u>no me respeta ni valora</u> mi tiempo. Eso <u>me irrita mucho</u>».

  Límite: «Celia, me gustaría que, cuando quedemos, llegues a tiempo. Me molesta mucho que llegues tarde y no quiero sentirme así contigo».

- «Estoy muy <u>estresada</u> y <u>agotada</u>. **Trabajo mucho** y, cuando llego a casa, sigo ocupada con las **tareas del hogar**. Si no está lista la ropa que mis hijos quieren ponerse, encima se enfadan. Son universitarios, **pueden hacerlo ellos**. Siento que <u>no puedo más</u> y <u>no tengo ganas de nada</u>».

Límite: «Necesito que sepáis que estoy muy estresada y agotada. Siento que no puedo más y os pido que, a partir de ahora, os ocupéis de vuestras tareas. Os puedo enseñar cómo se hacen, pero no voy a seguir haciéndolas. Ya no es mi responsabilidad, necesito descansar».

Identifica una situación que siempre te moleste. Descríbela y, como en los ejemplos anteriores, señala qué emociones o pensamientos indican que algo no funciona:

Escribe cómo expresarías tu límite:

Hay personas que no saben si lo que hacen es establecer límites o evitar situaciones desagradables. Por ejemplo, hay gente que, cuando pone límites al contacto físico, lo hace para no tocar algo que pueda contener gérmenes. Otro caso son las personas que suelen negarse a salir en grupo, aunque en realidad evitan lo que les da miedo: la interacción social. En terapia psicológica podemos esclarecer cada caso con un análisis funcional, pero aquí te dejo algunas claves por si crees que pueden servirte:

Un límite NO suele ser EVITACIÓN si...	Un límite puede ser EVITACIÓN si...
... la relación mejora a largo plazo.	... la relación que quiero que evolucione no lo hace o va a peor a largo plazo.
... siento seguridad a largo plazo.	... esa decisión me hace sentirme mal o peor a largo plazo.
... al tomar esa decisión intento afrontar el conflicto, ya sea interno o externo.	... al tomar esa decisión intento evadir el conflicto, ya sea interno o externo.
... su función es resolver un problema.	... su función es impedir que me sienta mal, más que solucionar lo que ocurre.
... mejora mi salud o protejo mi integridad.	... no tiene un efecto positivo en mi salud o en mi integridad.
Ejemplo: «Por favor, no levantes el tono de voz cuando me hables».	**Ejemplo:** «No quiero hablar nunca más con mi hermana. No saldré de mi cuarto cuando esté ella».

Tipos de límites

Imagina que analizas los límites que has establecido y te das cuenta de que muchos son materiales. Reconoces que, por lo general, te molesta que toquen tus cosas. Identificarlo te ayuda a ser más explícita desde el principio y a no ir marcando límites *a posteriori*: «Oye, me pone un pelín nerviosa que toquen mis cosas sin permiso. Solo quería avisarte antes de que pase».

Echa un vistazo a los tipos de límites y contesta a las preguntas que encontrarás a continuación.

Tipos de límites en función del contenido

Físicos. Para que no se vulnere nuestro espacio personal. Por ejemplo, cuando alguien nos toca cuando no queremos o donde no queremos.

«No me toques ahí, por favor».

«Podéis entrar en mi cuarto, pero siempre con mi permiso».

Intelectuales. Para que los pensamientos, ideas y creencias no sean motivo de conflicto. Un ejemplo clásico es delimitar los temas que se van a tratar según la persona.

«En esta reunión no hablamos de política».

«Tu opinión y la mía son opuestas. Prefiero no continuar con este tema».

Emocionales. Para definir cómo, cuándo y con quién comunicar nuestros sentimientos. Se rompen cuando alguien menosprecia cómo se siente una persona.

«He decidido que no voy a hablarle al abuelo de mi relación con María. No nos entendemos y lo pasaríamos mal».

«Prefiero no retomar el tema del incendio. Me pongo muy triste al recordarlo».

Sexuales. Para que se respete cualquier aspecto de esta. Verás cuándo se rompen los límites básicos e innegociables con la información del anexo 3, referida a nuestros derechos sexuales y reproductivos.

«No tienes derecho a decirme quién me tiene que gustar».

«Me encantó lo que hicimos la otra vez, pero lo pasé mal cuando me tiraste del pelo; prefiero que no lo hagas más».

Materiales. Para que no se abuse de tus pertenencias o de lo que decidas respecto a ellas. Se rompen cuando se dañan, se roban o se hace un uso inapropiado de ellas.

«Te lo presto hasta la noche, porque mañana lo necesitaré».

«Mi dinero es mío y puedo gastarlo en lo que quiera, te parezca o no lógico. Por favor, deja de decirme en qué debo gastármelo. Eso me molesta».

Temporales. Para que se respeten nuestras decisiones respecto al tiempo que tenemos. Se rompen cuando se desequilibra el que invertimos en algo o en alguien, o cuando se nos exige un tiempo del que no disponemos.

«Me encantaría pasar más tiempo contigo, pero esta semana tengo que trabajar todas las tardes. Por ahora no podremos vernos en ese tramo».

«Te lo puedo entregar en tres días, pero no antes».

Estas preguntas pretenden que te plantees cuáles son los límites y las barreras que te cuesta más marcar, cuáles te demandan más en tus relaciones y cómo los abordas. Este ejercicio nos invita a cuidarnos porque nos permite conocernos en interacción con las demás y prevenir conflictos.

- ¿Cuáles de los límites anteriores has necesitado o necesitas establecer en tus relaciones?
- ¿Algunos te cuestan más que otros? ¿Cuáles? ¿Por qué crees que sucede?
- ¿Esperas a no poder más para marcar un límite? ¿Crees que esta actitud funciona en tus relaciones? ¿Cómo te sientes?
- ¿Alguna vez te has dado cuenta de que te han puesto límites?
- ¿Qué es lo que la gente suele demandarte en las relaciones? ¿Qué tipo de límites son?
- ¿Eres rígida o flexible cuando te piden un cambio? ¿Funciona esta actitud en tus relaciones? ¿Te funciona a ti?

Los innegociables

Gema y Marcos eran pareja y siempre repetían la misma conversación: él quería tener hijos y ella no. Pasaban horas y horas discutiendo, tratando de convencerse el uno al otro. Pero toda confrontación solía acabar con dos personas frustradas que se querían y se sentían mal después de haberlo hablado, pero sin llegar a ninguna conclusión. Volvían al punto inicial.

Los innegociables se refieren a límites rígidos, sustanciales para la persona, que, por lo general, no se pueden traspasar.

Hacía nueve meses que salían, pero un día, en una reunión de colegas, Gema dijo que jamás querría ser madre. Marcos, que deseaba tener un bebé pronto, se sorprendió cuando supo que ella rechazaba totalmente la idea. Siempre que lo habían hablado, le había contestado con un «Ya se verá». Eso provocó que Marcos se enfadase y se sintiera decepcionado, lo que influyó en que Gema lo viera como una imposición y cada vez estuviera más en contra.

¿Quién tenía más razón? Ninguna de las dos partes y las dos al mismo tiempo. Seguro que no habrían llegado a ese punto si cada una hubiera tenido claros sus innegociables y los hubiese comunicado desde el principio.

Cuando trabajamos esta idea en consulta, resultó que, para Marcos, tener hijos era innegociable, pero no para Gema. Ella podría replanteárselo si la relación mejorase. Por eso siguieron juntos. Si el tener o no tener hijos hubiera sido innegociable para los dos, lo más lógico habría sido dejar la relación.

¿Cómo puedes identificar tus innegociables? Los límites se forjan a través de los valores y los aprendizajes, y se relacionan con experiencias pasadas que no queremos repetir o que sabemos que no son buenas. Por tanto, los detectarás cuando comprendas qué es importante para ti y debe cumplirse casi al cien por cien, siempre que sea justo, ético y responsable. Veamos algunos ejemplos de innegociables cotidianos:

- **Familia:** «Nunca tendré negocios con familiares».
- **Amigos:** «Si mi amigo se acuesta con mi ex, romperé la amistad».

- **Sexoafectivas:** «Si mi pareja, con la que mantengo una relación cerrada, tiene sexo con otra persona y no me lo dice, acabaré con la relación».

Cuando averiguamos cuáles de nuestros límites son irrompibles, podemos tomar mejores decisiones. Piensa, por ejemplo, a la hora de encontrar pareja: ¿tiene sentido entablar una relación a distancia con alguien cuya máxima es seguir viviendo en su país, si eso también es innegociable para ti? Si ambos tenéis límites contrarios respecto a un mismo asunto, lo más probable es que la relación sea complicada. ¿Entiendes la importancia de conocerte para mejorar la calidad de tus relaciones?

Por último, que una barrera sea negociable o no solo depende de ti. Por ejemplo, para algunas personas puede ser debatible perdonar a una amiga que se acuesta con una expareja en función de quién se trate y del tiempo que haya pasado desde que rompieron. Para otras, este paso supondría romper un límite que acabaría con la amistad. Lo importante es que sepas identificar y comunicar lo que es innegociable. Será la mejor protección para ti y para la relación.

¿Cómo podemos poner límites?

—Y me dijo: «¡¡Es que yo no sabía que eso te molestaba!!»...

—Pero ¿cómo no iba a saberlo? Si es obvio...

Nos resulta increíble que no pillen lo que para nosotras es elemental. A veces nos da pereza decir lo que necesitamos porque creemos que la otra parte ya lo sabe. Sin embargo, la mayoría de las veces no es así. Lo que para nosotras es importante u obvio, para la otra persona puede serlo o no, y, si no lo comunicamos, con el paso del tiempo es probable que surjan conflictos.

Lo que ocurre con los límites es que tendemos a esperar que las demás personas entiendan lo que necesitamos como por arte de magia, es decir, tendemos a que estos sean implícitos: no se acuerdan verbalmente porque los damos por asumidos.

Hay algunos límites muy claros que no necesitan recordarse cada dos por tres. Por ejemplo, sabemos que no se debe pegar, incluso aunque estemos muy enfadadas. Pero hay infinidad de necesidades individuales que no pueden inferirse si no se escuchan, porque no están escritas. Cuanto más explícitas sean nuestras condiciones relacionales, mejor, aunque suene obvio y redundante. Más vale prevenir que curar.

Veamos alguno ejemplos de límites explícitos:

- «Empieza a molestarme que hagas esto así. Te agradecería un montón que la próxima vez lo hicieras de esta forma».
- «Los comentarios sobre mi físico me duelen. Por favor, no lo hagas más».
- «Que me toques así no me hace sentir bien. Respétalo y no lo vuelvas a hacer».
- «Gracias por preguntar, pero ahora no me apetece hablar de eso».
- «Si haces otro comentario de ese estilo, tendremos que dar la conversación por zanjada».

- «Me parece bien que tú hicieses eso en mi lugar, pero prefiero vivirlo, aunque me equivoque».
- «Preferiría seguir la conversación en persona».
- «Te agradezco que me quieras ayudar, pero tengo que gestionarlo sola».

Aunque nos gustaría, poner límites no consiste en aprendernos unas frases y reproducirlas como máquinas. La práctica de establecerlos no es un proceso automático, sino que requiere de ensayo-error y de bastante esfuerzo para algunas personas. Tenemos miedo de parecer egoístas o antipáticas, aceptamos casi todo para no ser unas cortarrollos, pensamos que tenemos que obedecer para encajar; en especial a las mujeres, el sistema nos enseña que tenemos que complacer para ser amadas. Por el miedo al rechazo, no nos permitimos decir que no. Seas quien seas, te diré que no eres egoísta por marcar un *stop* en lo que te hace daño. Al contrario, estás mirando por ti y por la relación al mismo tiempo. E incluso estaría bien si en ese momento solo te preocupases por ti. Ser egoísta supone provocar un perjuicio a las demás; nada tiene que ver con resguardarnos de un daño. Protegerse no tiene por qué ser atacar. Y si a alguien le perjudica que protejas tu salud física o mental, quizá el acto egoísta lo esté teniendo la otra persona.

La única forma de aprender a poner límites es empezar a hacerlo. Con miedo, con vergüenza e inseguridad, pero hacerlo. Si no actúas, no habrá otra manera de que cambien esos sentimientos que tienes cuando se traspasan tus barreras. Para ello, debes seguir estos tres pasos:

1. **Detecta las situaciones en las que otras personas los sobrepasan.** Observa tus emociones ante las circunstancias que vives y presta especial atención a las emociones desagradables que se repiten durante el tiempo.

2. **Comunícalo de forma asertiva**, respetándote a ti y al resto. Te enseñaré a hacerlo más adelante. En muchas ocasiones será importante dejar claro qué es lo que no quieres que vuelva a ocurrir, qué prefieres que pase en su lugar o las consecuencias que puede tener que se supere ese límite. Una amenaza supone un perjuicio o daño grave para la otra persona («Si vuelves a insultarme, te pegaré»), pero una consecuencia puede verse así: «Si vuelves a insultarme, me iré».

3. **Si no estás acostumbrada a esto, tendrás que lidiar con la culpa** que te asalta al principio cuando pones barreras a las personas, sobre todo a las que quieres. Recuerda que tienes derecho a cuidarte, y eso implica protegerte. Además, los sentimientos desagradables se reducirán en cuanto te habitúes a poner límites y te des cuenta de que, a pesar de ello, tu alrededor los acepta y continúa a tu lado.

Decir «hasta aquí» no es fácil porque, además de comportarnos de una forma nueva, necesitaremos romper con ciertas creencias y empezar a asimilar otras más funcionales. ¿Qué implica poner límites en tus relaciones?

- Actuar de forma coherente entre lo que quieres y lo que haces.
- Priorizarte y proteger tu integridad. Tratarte con dignidad.

- Saber que no es agradable, pero que es eficaz a largo plazo.
- Ser asertiva. Respeta a la otra persona en todo momento, pero dile lo que piensas de forma clara y directa.
- Saber que las demás no pueden adivinar lo que tú necesitas o quieres.
- Decir que sí cuando necesitas o quieres algo y decir que no el caso contrario.
- Confrontar, en vez de evitar el conflicto, aceptando lo que quieren las demás, a pesar de que no estés a gusto.
- Dar importancia a tus preferencias y sugerencias.
- Entender que tienes derecho a protegerte y a defenderte de exigencias, manipulaciones, chantajes y opiniones que te dañan, incluso aunque quienes te falten al respeto sean personas con autoridad.
- Evaluar si al poner tus límites estás siendo injusta con otra persona.

¿Por qué es importante tanto reconocer los límites en las relaciones como ponerlos?

Establecer barreras en las relaciones forma parte de cuidarnos y conocernos. Aunque al principio nos cueste, instaurar el hábito de comunicar nuestros máximos nos servirá como escudo para nosotras mismas y para la relación, ya que al abordar el conflicto que se acaba de identificar intentamos prevenir uno mayor en el futuro.

Por otra parte, nos hará ser menos vulnerables a las manipulaciones y los abusos del entorno. Aunque la mayoría de las veces entendemos que las demás no tienen la intención de hacernos daño, poner límites es importante para dejar claras nuestras expectativas, de manera que la otra persona pueda gestionarlas mejor.

Por último, a pesar de que cueste al principio, fijar límites cuando lo necesitamos supone ir perdiendo el miedo a mostrarnos tal como somos. Cuando algo nos molesta y no lo decimos, relacionarnos puede provocar estrés. Si comunicamos nuestras barreras, comprobaremos que la mayoría de las personas que nos quieren aceptan nuestras condiciones y siguen a nuestro lado. En caso contrario, si alguien sobrepasa nuestros noes y nos castiga por ponerlos, obtendremos una información valiosísima sobre esa persona: quizá no merezca la pena mantener esa relación.

Establecer límites es preocuparte por ti, ser responsable de tu bienestar, lo que sin duda tiene un impacto directo y positivo en los vínculos íntimos que nos rodean.

MEJORAR MI AUTOESTIMA

Si estás leyendo este libro, asumo que te interesa mejorar los vínculos que mantienes con las demás personas. Pero ¿qué hay de mejorar la relación contigo misma?

Respetarte y quererte es importante para tus relaciones no porque «si no te quieres, no serás capaz de querer a nadie» —esto es falso—, sino porque la calidad de estas aumenta cuando decides respetarte. Cuando te valoras, eliges a personas que sabes que son buenas para ti y rechazas lo que no crees merecer.

Tenlo claro: tu capacidad de amar no se ve mermada por la imagen que tengas de ti. Puedes amar con respeto independientemente de cómo esté tu autoestima. Sin embargo, trabajar en tu imagen se relaciona con una mejora del bienestar tanto personal como relacional. Es más fácil cuidarte y cuidar desde una buena valoración de ti misma.

La imagen que tengo de mí

Dedica unos segundos a preguntarte cómo te ves.

- ¿Qué discurso generas cuando quieres describirte? ¿Es amplio o reducido?
- ¿Qué sientes cuando te escuchas mientras te describes?
- ¿Te gusta lo que dices que eres?
- ¿Cómo crees que te ve la gente?

Después de estas preguntas, y sin leer lo que viene a continuación, ¿cómo puntuarías la imagen que tienes de ti? Rodea la respuesta.

1   2   3   4   5   6   7   8   9   10

Has rodeado un número que califica tu imagen, pero ¿sabes lo que acabas de señalar? Es decir, ¿qué compone la imagen de una misma? Si tu respuesta es que no, acabas de evaluarte sin suficiente información. Tu imagen está compuesta por dos términos que no son sinónimos y que se trabajan de distinta forma: autoconcepto y autoestima.

El autoconcepto es la descripción de quién soy,
y la autoestima es la valoración de
eso que digo que soy.

Una de las expresiones que utilizo para describirme (auto-concepto) es «de estatura baja», y yo, Desirée, valoro ser «baja» como algo positivo (autoestima). Quizá para otra persona ser baja sea horrible.

La definición de muchas palabras tiene una connotación positiva o negativa de manera natural. Por lo común, «casta-ña» o «tranquila» son adjetivos con valoraciones neutras. Sin embargo, «traidora», «mentirosa» o «desastre» están im-pregnadas de connotaciones negativas. Si te describes como traidora (autoconcepto), quizá evalúes este término como algo negativo de ti (autoestima), de modo que elegir conceptos con connotaciones negativas al describirnos afectará a nues-tra autoestima de forma negativa. Ocurrirá lo contrario cuan-do utilicemos palabras que tiendan a valorase como positivas: «inteligente», «dispuesta», «resolutiva» o «generosa», por ejemplo.

Por otro lado, si tu autoconcepto es escaso, es decir, si te cuesta encontrar palabras que te definan, la valoración de lo que eres no será muy sólida. Imagina que, cuando te pregun-to cómo te describes, me dices: «Guapa (lo valoras en positi-vo), baja (lo valoras en negativo) y simpática (lo valoras en positivo)». De forma ilustrativa, encuentras dos de tres cuali-dades buenas en ti.

Imagina que hoy tu amiga te dice que has estado muy borde. Esta situación pone en duda que seas simpática. Lo normal es que nos sintamos inseguras y que aceptemos sin filtros la información del entorno. Por tanto, hoy sientes una de tres cualidades buenas sobre ti. En cuestión de segundos, pasas de un balance positivo a uno negativo.

¿Qué pasaría entonces si construyeras un autoconcepto más amplio? Pues que las cifras podrían ser muy diferentes. Si tienes tres manzanas y te quitan una, lo notarás. Si tienes mil manzanas y te quitan una, puede que te importe menos.

Por supuesto, nuestra autoestima no puede explicarse de manera tan simplista, y ya veremos por qué, pero espero que esta analogía te ayude a entender que, cuanto más rico sea nuestro autoconcepto, de más colchones dispondremos para sobrevivir a las inseguridades respecto a nuestra imagen, y más justa y sólida será la evaluación que hagamos de ella. Si nos valoramos de forma justa y coherente, generamos una narrativa protectora.

¿Qué hago para tener un autoconcepto sólido?

Para que los aspectos positivos de nuestro autoconcepto sean más sólidos y tiemblen poco ante las críticas, deberás:

- **Comportarte conforme a esos aspectos positivos.** No te valdrá con pensar que lo eres porque algún día lo fuiste. Tendrás que actuar en consecuencia y, de vez en cuando, recibir *feedback* del entorno. Es decir, si fuiste muy responsable en 2021 pero ahora, en 2023, te comportas de forma irresponsable en el trabajo, por mucho que pienses que eres responsable, tus actos del presente te definirán, y el *feedback* que recibirás del entorno no será el mismo. Por tanto, la idea de ser responsable deja de ser sólida.

- **Prestar atención a todos esos momentos en los que se corroboren tus aspectos positivos.** No restes mérito a tus logros, acepta los cumplidos, agradece el *feedback* positivo e intégralo en tu definición. Los días de «Qué va, si no es para tanto, de verdad» tendrán que acabar.

La narrativa que tenemos de nosotras mismas es relevante en el valor que nos damos, pero lo que hagamos nos demostrará que el discurso que tenemos de nosotras es cierto y estable.

«Lo que diga la gente me da igual» es mentira

Construir nuestra imagen según la idea que tienen las demás de nosotras es algo que, en un principio, no podemos decidir. Durante la infancia, aprendemos cómo somos en función del resto. Yo supe que era inteligente, antes de entender qué significaba esa palabra, porque mi mamá y mi maestra me decían que lo era. Seguro que tú también recuerdas cómo te definían de pequeña.

Como imaginas, lo que nos dicen sobre lo que creen que somos tiene consecuencias a nivel comportamental. Las probabilidades de que una niña mantenga el interés por los estudios si le dicen que es inteligente quizá sean mayores que si le decimos que es tonta o cazurra durante la infancia. Como ves, la imagen que las demás tienen de nosotras es muy poderosa en los primeros años de vida, y lo seguirá siendo después.

Nunca hemos vivido ajenas a lo que el resto diga de nosotras. Tiene sentido, pues la naturaleza humana es social, y el *feedback* grupal es muy importante para la supervivencia. Evitamos ser rechazadas por el grupo, y es que tanto antes como ahora la supervivencia requiere de la sociedad, aunque el individualismo se empeñe en convencernos de lo contrario. Por eso lo que diga la gente te puede dar más o menos igual, pero nunca del todo, en especial si la persona que lo dice pertenece a tu grupo cercano o es alguien con autoridad.

Ser responsable afectivamente también consiste en tratar de cuidar cómo expreso la idea que tengo sobre la otra persona.

En gran parte, nuestro autoconcepto se construye gracias a la información que recibimos o creemos que recibimos del entorno. En otras palabras, se construye a través de eso que las psicólogas llamamos **heteroconcepto**,* pero también de nuestras fantasías. Cada persona que te conozca tendrá un heteroconcepto y una heteroestima sobre ti, es decir, una percepción y una valoración concretas sobre cómo eres. Por lo tanto, habrá tantas ideas de ti como personas existan en el

---

* Heteroconcepto: concepto que las demás tienen de ti, cómo te describen. Por ejemplo: «Creo que eres muy activa». Heteroestima: cómo las demás valoran ese concepto, lo que dicen que eres. Por ejemplo: «Creo que eres muy activa, y eso me pone de los nervios».

mundo. No existe «una idea de las demás» verdadera y absoluta. Cada persona construirá una imagen tuya, que además será más o menos flexible (cambiará con el tiempo).

A pesar de que las ideas del resto nos ayudan a entender cómo nos comportamos y qué puede implicar esa conducta en sociedad, no siempre son realistas. A esto se le añade que muchas veces creemos que tienen de nosotras una idea que no tienen.

Por tanto, para construir un amplio autoconcepto y una buena autoestima, deberemos poner un filtro al heteroconcepto, a las ideas de la gente, ni rechazarlas ni aceptarlas sin más. Pero ¿cómo lo ponemos?

La información que nos llega del entorno sobre cómo somos nos sirve para afirmar nuestra conducta o para redirigirla. Sin embargo, no siempre es verídica.

¿Qué hago para filtrar la imagen que la gente tiene de mí?

Tus actos te definen, no las ideas que la gente tiene sobre ti, ya que esto puede coincidir o no con la realidad. Eres según te comportas.

Tu manera de pensar forma parte de cómo te describes (puedes ser analítica, reflexiva, etc.), pero no así el contenido de tus pensamientos. Por mucho que creas que eres astronauta, al pensarlo no te conviertes en ello.

Del mismo modo, lo que sentimos no nos define. Si te sientes triste, no eres la tristeza, eres lo que haces cuando te sientes así. Si estás enfadada, no eres el enfado, eres lo que haces cuando te enfadas.

Todas tenemos pensamientos y emociones espontáneos, automáticos, que no controlamos. La forma más fiable y rápida de encontrar lo que nos describe es desde nuestro comportamiento observable, desde lo que hacemos con lo que pensamos, con lo que sentimos. Vamos a ver un ejemplo.

Imagina que pienso que soy ecologista. Las demás también lo creen porque hablo mucho del tema, pero nunca reciclo, compro ropa *fast fashion*, jamás he colaborado con una asociación ecológica, uso productos contaminantes e incluso algunos testados en animales, etc. Si observas mis comportamientos, ¿dirías que soy responsable ecológicamente? Quizá no. Y lo más seguro es que yo tampoco me lo crea del todo. Es difícil sostener una idea de lo que somos sin un comportamiento observable que lo respalde. Si eso ocurre, estaré más cerca de la fantasía y del autoengaño que de la realidad. Desde luego, si mis amigas supieran lo que hago en realidad, cambiaría su imagen de mí.

Al mismo tiempo, estarás de acuerdo en que si empiezo reciclar, a comprar ropa vegana, dejo de consumir productos contaminantes, etc., podré considerarme ecologista sin ningún tipo de incoherencia para mí ni para las demás.

Por lo tanto, casi siempre podemos construir quiénes somos en función de cómo nos comportamos, y esto nos da bastante control, sobre todo frente a la idea que el resto tiene de nosotras.

«Tía, cuando te vi por primera vez me pareciste borde y

creída, pero ahora que te conozco creo que eres muy humilde». Traduzco: «Ahora que tengo más pruebas de cómo te comportas, puedo hacerme una idea más realista de ti». La imagen que tienen de nosotras no siempre es veraz, pero esta suele ser flexible porque se genera a través del comportamiento, que cambia según el entorno.

Si las demás describen tus actos basándose
en algo que han observado no solo una vez,
sino varias, te recomiendo que reflexiones sobre
ello. Sin embargo, si la idea que tienen de ti no
coincide con tu comportamiento, con la realidad
observable, con lo que sabes que haces, o solo
lo han visto en situaciones esporádicas,
ponle filtro, cuestiónatelo.

El comportamiento observable nos define y también define al resto. Por ello, en nuestras primeras interacciones con personas desconocidas, debemos asegurarnos de obtener información antes de asumir que la persona es de una forma u otra. Esperar a tenerla nos prevendrá tanto de la idealización como del rechazo inmediato y nos ayudará a manejar mejor nuestras expectativas.

Así que la próxima vez que te pilles diciendo «Es que las demás piensan que soy X», recuerda responder a estas preguntas para activar tus filtros:

- ¿Quiénes son «las demás»? ¿Todo el mundo?
- ¿Todo el mundo piensa lo mismo de ti?

- ¿Estás segura de que eso es lo que piensan o es lo que tú crees que alguien piensa? ¿Es real o es una fantasía?
- ¿Lo que piensan las demás coincide con tu comportamiento observable?
- Si es que no, ¿por qué te cuestionas tu autoconcepto?
- Si es que sí, ¿es importante para ti cambiarlo? ¿Y para el resto?
- ¿Qué puedes hacer para comportarte como quieres ser?

No eres lo que piensas que eres ni lo
que piensan que eres. Eres lo que haces.
Desde ahí debe construirse la idea
más honesta de ti.

Por último, saber que lo que hacemos y la realidad observable es lo que nos define nos ayuda a luchar contra las ideas irracionales que tenemos respecto a nuestra imagen que no vienen de la gente. «Creo que soy mala persona» o «Creo que la gente me odia». Aquí te ofrezco algunas sugerencias para la autorreflexión:

- ¿Qué pruebas tienes para afirmar eso?
- ¿Cuántas de tus acciones te definen de ese modo?
- ¿Qué hace una mala persona?
- ¿Qué hace una persona a la que la gente odia?
- ¿Coincide con lo que haces tú?
- Si alguna vez has hecho algo parecido, ¿es lo que haces siempre o fue una excepción?

- ¿Has observado tu comportamiento antes de llegar a esa conclusión?

Trabaja en tu imagen

Una vez aclarados estos conceptos y cómo se influyen, pasemos a explorar nuestra imagen. Estos son dos ejercicios que utilizo mucho en consulta.

Exploración del autoconcepto

Intenta definirte:

```
┌─────────────────────────────────────────┐
│                                         │
│                                         │
│                                         │
│                                         │
│                                         │
│                                         │
└─────────────────────────────────────────┘
```

Ahora, plantéate estas preguntas sobre lo que has escrito.

- ¿Has escrito mucho o te ha sobrado espacio?
- ¿Te ha costado pensar en cómo eres?
- ¿Crees que eres muchas cosas y que no hay nada que te defina? ¿Cómo son las palabras que has usado para definirte, positivas o negativas?

- ¿De dónde proceden la mayoría? ¿De la gente? ¿De tu experiencia observable? ¿De tus ideas?

¿Cómo puedes saber si tu autoconcepto es pobre?

- No hay un número de palabras que indique que, a partir de ahí, se tiene un amplio autoconcepto, pero si te estancas en menos de diez, evidentemente es escaso.
- Cuando nos describimos, solemos hacerlo en dos áreas: algunos aspectos de personalidad y el físico. «Soy guapa, simpática, perfeccionista, empática y responsable». Aunque esté lleno de adjetivos positivos, sigue siendo un autoconcepto reducido. ¿Somos solo eso, unos pocos aspectos de personalidad y físico? ¿O lo que somos engloba mucho más y también depende del entorno?
- Tu autoconcepto será pobre cuando la definición que hagas sobre ti sea breve y limitada a una o dos áreas descriptivas. Sin embargo, esto no significa que las personas que tengan un autoconcepto escaso no sean felices.

Para ayudarte a completar el ejercicio y expandir tu autoconcepto, en consulta hablaríamos sobre las diferentes áreas de tu vida y exploraríamos cómo sueles comportarte en cada una. Hay personas que actúan de forma muy distinta en el entorno familiar y cuando están con sus amigos. Sigue siendo la misma persona, pero en una situación diferente. Lo normal es adaptarnos, es ser desde un pelín a muy diferentes en cada contexto. Debemos reconocerlo para ampliar la imagen de nosotras mismas y ser coherentes en cada entorno.

Veamos ejemplos de algunos segmentos típicos para que describas cómo eres en cada uno. Ten en cuenta que las áreas de descripción las eliges tú. Dentro de las áreas mutables, que puedan cambiar, trata de encontrar los adjetivos y las descripciones que más se repitan en el tiempo y que sean más comunes en ti, no excepciones. Aquí verás a qué me refiero:

Aspectos anatómicos: metro sesenta, pelo castaño y rizado, labios finos...

Sexualidad: mujer cis, femenina, bisexual...

Familia: cariñosa, atenta, responsable, irritable, generosa...

Amistad: cariñosa, divertida, aventurera, atrevida, muy generosa...

Trabajo: puntual, responsable, distante...

Ideología y fe: agnóstica, feminista, de izquierdas, carnívora...

Gustos: poesía, películas de suspense, naturaleza...

Aficiones: bádminton, escribir, ajedrez...

Otros ejemplos podrían ser qué tipo de ciudadana eres (comprometida con el voto, respetuosa en las calles, de comprar poco...) o cómo es tu ocio (planes activos, viajar, consumir drogas...). Como te habrás dado cuenta, lo que nos gusta, lo que disfrutamos, lo que decidimos leer, escuchar, visitar, etc., también nos define. Somos lo que hacemos y, cuanto más conscientes seamos, más fácil será que nuestra imagen sea coherente y realista.

Ahora tú

Aspectos anatómicos:

Sexualidad:

Familia:

Amistad:

Trabajo:

Ideología y fe:

Gustos:

Aficiones:

Esta ha sido la primera parte del ejercicio: explorar tu autoconcepto. Si nunca te has observado con tanto detalle o jamás has preguntado a tu alrededor, quizá debas tomarte unos días para reflexionar sobre ello. No pasa nada si ahora no puedes definirte en cada área; lo importante es que empieces a observarte en ellas y tomes conciencia de tu comportamiento, de quién eres. Y si te faltan áreas, añade todas las que se te ocurran, el autoconcepto no tiene límites.

El árbol de la autoestima

Para encontrar aspectos que valoramos en positivo, es decir, cualidades de nosotras mismas, piensa en diez logros que hayas conseguido en tu vida. No tienen que ser grandes éxitos. «Aprender a montar en bicicleta» o «Mejorar la relación con mi hermana» podrían ser dos ejemplos, aunque difieran en importancia y significado.

Una vez que los tengas, responde a esta pregunta: «¿Qué cualidades me permitieron conseguir cada uno de ellos?». Piensa en cómo los lograste y qué aptitudes te ayudaron en el proceso. Por ejemplo:

- Aprender a montar en bicicleta: ser constante, ágil, seguir las reglas que me recomendaron...
- Mejorar la relación con mi hermana: ser empática, saber escuchar, ser amable, paciente, trabajar la generosidad...

Ahora dibuja un árbol con raíces y con frutos en las ramas. Los frutos son los diez logros en los que has pensado, y las raíces, las cualidades que te han ayudado a conseguirlas. Será tu árbol de la autoestima.

En este ejercicio se parte de la evidencia de tu conducta para concluir en tus cualidades. Es muy útil si eres de esas personas a las que les cuesta ver algo bueno en ellas, ya que no empezamos con una lista de adjetivos, sino que los obtenemos desde lo que has sido capaz de hacer o conseguir, a partir de hechos reales de tu vida.

No somos una lista de adjetivos, somos lo que hacemos

Aunque los ejercicios de autoestima puedan funcionar a corto plazo, no suelen ser efectivos con el paso del tiempo, dado que el cambio real y duradero viene de trasladar esos pensamientos positivos a un cambio real de tu comportamiento estable.

No será suficiente con decirte al espejo lo maravillosa que eres si luego no te comportas como quieres o dices ser. No podemos esperar que «nos suba la autoestima» para actuar de otro modo. Todo lo contrario, debemos cambiar nuestra forma de actuar para que mejore nuestra autoestima. Esa es la mejor manera de trabajarla. Si quieres ser menos miedosa al hablar en público, decirte al espejo que eres muy extrovertida no cambiará nada. Ahora bien, si te esfuerzas por exponerte ante multitudes, y cada vez lo haces mejor, será más fácil que creas que no se te da mal. Así acabarás definiéndote y sintiéndote distinta. Si crees que no eres buena en las citas y quieres serlo, deberás exponerte a quedar con gente desconocida un número de veces razonable. Así extraerás conclusiones más justas y podrás desenvolverte mejor en esas situaciones. Escribir adjetivos respecto a lo sociable que eres no genera un repertorio nuevo de habilidades comunicativas.

Por ello, si quieres tener una autoestima más rica, averigua qué debes mejorar y cómo ponerlo en marcha. No escribas una lista de todas tus virtudes y defectos y esperes que te sirva durante mucho tiempo. Eres más que eso, y tienes que verte haciéndolo para creértelo. Tanto es así que, muchas veces, aunque el resto nos diga infinitas palabras bonitas sobre nosotras, nuestro autoconcepto no mejora.

Nuestro proyecto de vida

Tu proyecto de vida es importante para que funcionen las relaciones con las demás personas y contigo misma. Para sentirte satisfecha, tu imagen debe ser lo más coherente posible con lo que quieres ser o conseguir.

Si tu relación actual no te permite ser coherente con tus planes de futuro, con lo que quieres ser, con toda probabilidad no funcionará.

Debemos actuar para que nuestro autoconcepto y nuestra valoración sean coherentes con la realidad y con lo que queremos conseguir.

Hay quienes se embarcan en relaciones y acaban sacrificando su vida por la de su pareja, como mujeres que dejan los estudios o el trabajo para ocuparse del cuidado del hogar. Si no entraba en sus planes, su imagen se verá distorsionada y, con toda probabilidad, la frustración que sentirán influirá en la relación de pareja. Veamos otros ejemplos:

- Tus amigas hacen planes de fiesta, beben alcohol y se acuestan muy tarde, pero tú quieres ser saludable, así que quedar con ellas empieza a convertirse en una contradicción para ti.
- Tu familia espera que sigas la tradición familiar. Para complacerla, estudias Medicina, aunque esa carrera no te gusta.

¿Qué crees que ocurre en estos casos? Que nuestra imagen se distorsiona: deseamos ser de una forma, pero nos comportamos de otra. La imagen que damos no es coherente con nuestros deseos, con nuestro proyecto actual de vida, y esto genera malestar interno y relacional.

Por eso es importante buscar la coherencia en el comportamiento a fin de construir un concepto menos distorsionado y más realista de ti. En ocasiones, esto implicará mantener conversaciones incómodas, poner límites e incluso a veces cortar relaciones.

¿Cómo puede influir mi autoconcepto en las relaciones?

Como hemos visto, si te pregunto cómo eres con tu familia y con tus amigas, lo normal es que no describas la misma imagen de ti en ambos escenarios. Incluso dentro de diferentes grupos de amigas o familiares, tu definición puede cambiar. Con tu familia eres más distante y reservada; sin embargo, con tus amigas eres muy cariñosa y habladora, aunque, en general, seas tímida e introvertida en los dos grupos (comportamiento estable).

¿Significa esto que eres una impostora? No. Significa que todas, dentro de una estabilidad en nuestra conducta, nos adaptamos al contexto y aprendemos de ese entorno que nos condiciona. Sabemos cómo comportarnos de una forma determinada en un ambiente concreto. Somos diferentes según con quién nos relacionemos. Ser conscientes de ello nos ayudará a marcar límites y necesidades con las demás. Veamos un ejemplo.

Laura quiere que su pareja, Macarena, sea más cariñosa con ella, pero esta le dice: «Oye, es que yo no soy cariñosa». Sin embargo, cuando Macarena sale con sus amigas, Laura ve que sí lo es. Abraza a sus amigas con frecuencia, les toca el pelo y les dice cosas bonitas. Aquí se dan dos circunstancias: una, Laura no está teniendo en cuenta que las personas podemos ser diferentes dependiendo del entorno. Quizá, si lo considerara y lo tolerase, no se sentiría confundida y traicionada; dos, no parece que Macarena se observe mucho, ya que niega ser cariñosa. Debe aceptar que puede ser diferente en función de con quién se relacione, puesto que parece que sí que es cariñosa en el ámbito de la amistad. Negarlo solo confunde y hace sentir mal a Laura.

¿Cuáles son los posibles escenarios en los que solucionaría este problema?

- Macarena es consciente de que puede ser diferente en cada grupo y, en vez de decirle a Laura que no es cariñosa, le explica que en la pareja le cuesta más y que expresa su amor de otra forma. «Me cuesta menos ser cariñosa cuando las personas con las que me relaciono son mis amigas». Esto es totalmente respetable. Laura puede aceptarlo o no.

- Laura acepta que Macarena puede ser diferente en distintos ámbitos, igual que ella, y que esto no suponga nada, pues quiere compartir tiempo con ella tal y como es.
- Laura puede pedirle a Macarena que sea más cariñosa con ella y esta, aunque al principio le cueste, puede intentarlo. Como es cariñosa en un área, sabemos que ha aprendido a serlo y que sabe cómo hacerlo. Solo tendrá que aplicarlo en otro contexto.
- Macarena puede no querer cambiar su comportamiento. Y si esto daña a Laura, y esta no acepta su decisión, abandonar la pareja es una solución factible.

Reflexionar sobre cómo eres según el contexto te ayudará a mejorar tus relaciones íntimas y te ofrecerá las pistas de lo que te cuesta dar o no en cada relación para comunicarlo o mejorarlo, si es el caso.

¿Por qué trabajar en la propia imagen es importante para nuestras conexiones?

Saber cómo nos definimos en las diferentes relaciones que tenemos es útil a la hora de manejar expectativas, poner límites, etc. Pero hay más razones por las que trabajar en la propia imagen es importante para nuestros vínculos:

- Una buena valoración personal influye de forma positiva en tu estado de ánimo, y esto favorece que consigas relaciones más placenteras.
- Sirve para comparar las relaciones, manejar las expectativas y poner límites, como en el ejemplo de Laura y Macarena.
- Si el concepto que tienes de ti es amplio y las valoraciones positivas son sólidas, las probabilidades de que las palabras de las demás impacten en tu comportamiento serán menores y se reducirá la búsqueda excesiva de la validación externa.
- Te hará menos vulnerable a las manipulaciones del entorno. ¿Alguna vez te ha pasado que la relación con una persona te ha definido casi al completo? ¿Has sentido que lo único importante era qué pensaba una sola persona de ti? ¿Cuánto poder tenía esa persona sobre tu estado de ánimo?
- Cuanto más rico y amplio sean tu autoconcepto y tu autoestima, menor será el riesgo de conformarte con relaciones dañinas.

A modo resumen, hemos visto que nuestro autoconcepto será pobre, al igual que nuestra autoestima, si las definiciones que hacemos de nosotras son breves, limitadas a pocas áreas y llenas de connotaciones negativas. También sabemos que debemos poner un filtro a la imagen que la gente tiene de nosotras y basarnos en nuestra conducta observable más estable, sin olvidarnos de la autocrítica. Sabemos por qué tener una buena imagen y que esta sea coherente con la realidad y nuestro proyecto de vida favorece nuestras relaciones y que es imprescindible entender que de lo que hacemos inferimos lo que somos. Si queremos mejorar nuestra imagen, tendremos que comportarnos como queremos, más que pensar en una lista de cualidades que nos definen, aunque esto nos cueste y no salga solo.

Algo parecido pasa con nuestras emociones. Siempre esperamos que vengan para hacer algo: «Cuando me sienta motivada, lo haré». En realidad, es más fácil empezar por hacer algo para que surjan otras emociones que me permitan conseguir lo que quiero. Te lo explico a continuación.

MEJORAR MI REGULACIÓN EMOCIONAL

Muchas de las personas que vienen a consulta tienen claro lo que quieren: «Quiero controlar mis emociones», dicen de forma contundente.

Intuyen que ahí está el problema y que, si de alguna forma consiguen controlar lo que sienten, su mundo será más fácil.

Acuden a la psicóloga porque saben cuál es su objetivo, qué quieren cambiar: su mundo emocional. Casi siempre sale a la luz alguna de estas frases:

«Siento demasiado».
«No sé lo que siento».
«Me siento mal».
«Me dejo llevar por lo que siento».
«No sé expresar lo que siento».

Cuando les pregunto en qué las puedo ayudar, por lo general me piden control. Control emocional.

Es lógico pensar que la solución está en aprender a controlar cómo se sienten y que, casi seguro, existe una herramienta para ello.

No es un pensamiento descabellado. Vemos a muchas personas —casi criaturas divinas— a las que parece que nada las altera, personas a las que observamos desde la pantalla del móvil y nos mandan mensajes alentadores sobre cómo vivir una vida estable y serena día tras día. Nos acaban convenciendo de que eso solo depende de nosotras. Sentirse mal no es una opción. Solo hay que querer. «Todo está en nuestra mente», nos dicen.

«¿Por qué no puedo ser así? Quizá solo tengo que encontrar la clave...».

Así que, ante el agotamiento emocional y la promesa de que pueden controlar sus emociones, deciden ponerse en marcha y acudir, por ejemplo, a un profesional de la psicología. Ya sentadas, a punto de descubrir la herramienta divina para controlar sus emociones, reciben su primera sorpresa:

—¿Controlar las emociones? No se puede —les digo.

(Silencio).

—¿Cómo que no se puede?

Y aquí empieza la distinción entre lo realista y lo ficticio, en una primera sesión en la que las expectativas sobre el control emocional se rompen para dar paso a una visión más objetiva, donde aprenderán qué podemos hacer con lo que sentimos y qué no.

¿Por qué no podemos controlar nuestras emociones?

Imagínate que estás tranquila, relajada, sentada en tu escritorio, muy concentrada leyendo un documento. La ventana está delante de ti y oyes la lluvia golpeando el cristal. El ruido blanco, monótono, te hace sentir a gusto esta tarde de invierno. La manta que te arropa las rodillas te aporta el calor necesario para no tener frío, pero no excesivo, para evitar que te quedes dormida. De repente, alguien te sacude con fuerza por detrás. Lo hace con tanta fuerza que sientes pánico y dolor al mismo tiempo. Tus ojos se abren de golpe y parpadean rápido. El corazón te va a mil por hora, o eso crees. Tu respiración se acelera. Tus músculos se contraen. Empiezas a sudar. La broma ha sido pesada. Pasas de un estado de relajación imperturbable a unas ganas descomunales de gritar a tu hermana. Y en cuestión de un segundo.

¿Has podido decidir cómo sentirte?

Como ves, es imposible. Como si del menú de un restaurante se tratase, te has comido con patatas el plato emocional que ha cocinado tu cerebro. Las emociones son reacciones psicofisiológicas a un estímulo externo o interno, ya sea real o imaginario.

En este caso, la reacción psicofisiológica, es decir, la emoción, ha sido el miedo. El miedo ha surgido ante un estímulo real y externo (el contacto con tu hermana). El miedo se produce porque el cerebro ha interpretado ese estímulo como algo peligroso, en este caso porque ha sido inesperado. Ante la duda, mejor protegerse y preparase para huir que seguir relajada. Este es el *modus operandi* de la supervivencia. Para sobrevivir necesitas que la señal que te pone en marcha se produzca muy rápido.

Estarás de acuerdo en que no puedes controlar reacciones cerebrales que van más rápido que tu conciencia. Aunque hiciéramos algo para contrarrestar ese miedo —como escuchar música relajante—, tardaríamos un rato hasta que las sustancias que nos hacen sentirnos así —la adrenalina, el cortisol, etc.— se depurasen de nuestras vías sanguíneas. De nuevo, las emociones no pueden controlarse del todo ni de forma inmediata. Pero se regulan, se manejan, se gestionan.

Volvamos al momento en que tienes el corazón a mil por hora. Tu hermana acaba de darte un susto, se ha cargado el ansiado momento de relajación de la semana. Por fin estabas tranquila, pero ese estado se ha esfumado. Y, para más inri, al moverte te has tirado el café por encima. Has pasado de tener miedo a enfadarte. Tu cerebro ha reinterpretado la situación y ha entendido que no estás en peligro y que no eres vulnerable, que más bien te están atacando sin motivo. Estás, sin duda, molesta. Tus impulsos más animales quisieran defenderse. Sin embargo, no lo haces.

¿Por qué?

Te regulas.

No has podido decidir cómo sentirte, pero sí regularte, gestionar la emoción del enfado. Por supuesto, no pegas a tu hermana. Ella se ríe y pide perdón al mismo tiempo. Es inofensiva. Solo te quejas —«Tía, ya te vale»— y decidís recoger el café juntas entre risas. Has decidido pensar «Bueno, no ha sido queriendo. Total, yo también la he asustado muchas veces», y has optado por ayudarla con el desastre que ha creado. Has abandonado el estado de relajación. Sigues un poco agitada, con tensión muscular, casi temblando, pero sabes que volverás a la calma. Este es un ejemplo de regulación emocional cotidiano. Nos regulamos emocionalmente todo el tiempo, aunque no seamos conscientes de ello.

Como ves, la regulación emocional es muy importante en las relaciones. A veces puede darse una enorme diferencia entre lo que la emoción nos pide hacer cuando nos enfadamos (golpear, gritar, insultar) y lo que al final hacemos (reinterpretar la situación y recoger el café). Lo mismo ocurre con otras emociones. Por eso ser conscientes de nuestra regulación y mejorarla ayuda a gestionar los impulsos y las decisiones, y repercute de forma positiva en la calidad de las relaciones.

¿Cómo regulamos las emociones?

Para que tu regulación mejore, primero debo asegurarme de que entiendes cómo funcionan las emociones. Ya sabemos que son reacciones psicofisiológicas del organismo. Están ahí desde siempre y para todas, pues han favorecido y favorecen la supervivencia de la especie, no solo al ser humano. Sin emociones, costaría estar vivos.

Pero, claro, a veces parece ilógico pensar que algo tan desagradable como el miedo, el asco o la tristeza sean estímulos inofensivos o mecanismos que nos ayuden a sobrevivir. Por eso tendemos a evitar esas emociones, a escapar de ellas, a repudiarlas y catalogarlas como emociones malas. Y, *spoiler*, no hay emociones malas ni buenas. Hay emociones agradables y desagradables, y todas tienen su función:

- «Me aguanto si estoy triste, hago lo posible por distraerme y no llorar».
- «Me tomo un Diazepam cuando siento un poco de ansiedad».
- «Me pongo nerviosa antes de dormir, así que cojo el móvil hasta que el cuerpo aguante».
- «Me da miedo salir a la calle, la gente me agobia, así que casi siempre me quedo en casa».
- «Siento que voy a perder el control si conduzco, así que ya no lo hago. No quiero sentirme así».

Las personas de los casos expuestos dejan de hacer algo (o hacen otra cosa) para evitar la emoción que temen o para huir de ella.

Como puedes suponer, a largo plazo no consiguen nada. Las emociones que no quieren sentir seguirán acompañándolas, y se lamentarán por no poder llorar, no poder conducir, no poder salir a la calle, tomar pastillas, etc. ¿Por qué han llegado a este punto? Entienden que es mejor no exponerse antes que sentir una emoción desagradable. De forma errónea, se plantean: «Si evito todo lo que evito y aún siento ansiedad, si me enfrento a lo que temo, ¿qué sentiré? No seré capaz».

Piensan que no deberían sentir lo que sienten, y creen que, si siguen teniendo esas emociones mucho tiempo, algo malo pasará. Tardan en darse cuenta de que, al intentar controlarlas, las alargan en el tiempo y generan otras emociones desagradables, como la tristeza, que surge al sentirnos atrapadas en ese círculo.

No debemos evitar las emociones, aunque sean desagradables. Ya lo decía Antonio Damasio,* investigador experto en este campo: «Las emociones nos sirven para tomar decisiones, para solucionar problemas y para comunicarnos. Sin las emociones como señales, es muy difícil entender qué cosas implican un riesgo y cuáles no. Estas nos mandan mensajes que nos dicen si estamos seguras o en peligro, no solo a un nivel de vida o muerte, sino que nos hacen saber, por ejemplo, si se ha traspasado algún límite relacional».

- «Me siento mal cuando me habla de este modo».
  Las emociones nos hacen saber si todo funciona y, en caso de que no sea así, permiten que nos organicemos y nos preparemos para la acción.
- «Como me siento mal, le diré que no lo haga más».
  Si nuestro contexto cambia, la primera en hacérnoslo saber es la emoción, y esta nos llevará a tomar otra respuesta diferente a la que estábamos teniendo.
- «Todo iba bien hasta que empecé a hablarle sobre su ex. Me sentí incómoda porque la notaba distante, así que cambié de tema. Luego le pregunté si le había sentado mal».
  Las emociones reducen nuestras alternativas, lo que nos ayuda a tomar decisiones. Imagina que nada te gustara y que nada te desagradara. Que nada te diese miedo, asco o alegría. Sería muy difícil que supieras qué hacer cuando sales por la puerta de casa. Las emociones nos ofrecen pistas de lo que nos gusta y de lo que no, de lo que queremos hacer y de lo que no, de lo que es importante para nosotras.

* Damasio, 2011.

Lo primero que debemos entender para regularlas es que, si son reacciones, nos aportan información. Tenemos que pararnos a escucharlas, sin cambiarlas o juzgarlas, solo observarlas y entenderlas. Es el primer paso de la regulación emocional. ¿Cuáles son los siguientes?

Lo cierto es que hay infinitas formas de regularnos emocionalmente. No hay una regla que te ayude en el cien por cien de las situaciones de tu vida. Acudir a terapia y analizar tu caso te hará ser más consciente de tu relación con las emociones y te llevará a tomar mejores decisiones al respecto.

A pesar de ello, veamos varios elementos en común que necesitamos para regularnos mejor.

Aceptar la experiencia emocional. Si queremos que nos llegue esa información, es fundamental que la permitamos, aunque nuestras creencias nos digan que sentirla puede hacernos daño. Sabemos que no es real. Ninguna emoción es peligrosa, a pesar de que cueste soportarla.

La meditación o el yoga son actividades complementarias que nos ayudarán a tolerar las emociones.

Identificar la experiencia emocional. Supone traducir a etiquetas emocionales las señales psicofisiológicas de nuestro cuerpo. A veces es difícil clasificar lo que sentimos porque nuestro conocimiento sobre las emociones no es tan amplio. Hay una forma sencilla de hacerlo (*mood meter*): comprueba si lo que sientes es agradable o desagradable, y si percibes mucha activación —energía— o poca, defínete en esos términos, por ejemplo: «Lo que siento es desagradable y estoy muy activada». Puede que no sepas darle el nombre correcto a tu emoción (en este caso podría ser enfado, rabia, furia, irritación, etc.), pero para regularse es suficiente con eso. Te adelanto un truco fácil: evalúa si con la energía y la agradabilidad que sientes, ahora mismo es un buen momento para hacer lo que te propones. Si no es así, intenta cambiar la energía (escucha música relajante, lee). Si en otro momento tu sensación tampoco es agradable, pero en este caso tu activación es baja, probablemente estés triste, apática, etc., cambia tu energía activándote (haz deporte, sal a dar un paseo).

También hay gráficas que van desde las emociones más básicas hasta las más complejas, y pueden ayudarte a identificar cómo te sientes. Encontrarás una herramienta gráfica para ello en el anexo 4.

Controlar los impulsos. A veces, las emociones nos mandan un mensaje muy potente, tanto que sentimos que apenas podemos contralar lo que nos piden que hagamos: gritar cuando nos enfadamos, gastar mucho cuando estamos alegres, dejar de trabajar si estamos tristes o salir corriendo si tenemos ansiedad. Introducir técnicas como la del tiempo fuera cuando sentimos algo intenso nos ayudará a tomar mejores decisiones. Esta implica cortar con la conversación asertivamente para luego retomarla en un momento de calma.

Una de las versiones de la técnica del tiempo fuera consiste en, una vez que reconoces que estás experimentando una emoción muy intensa, puntuarla del uno al diez. La regla es que no te dejes llevar por el impulso, al menos hasta que la emoción baje, como mínimo, al cinco (entonces podrás reevaluar la situación). Muchas veces, es necesario abandonar o cortar el contexto en el que estás para que la emoción reduzca su intensidad, pero con el propósito de volver al lugar o a la actividad en cuanto te calmes. De lo contrario, estarás huyendo.

Expresar las emociones. Existen personas con exceso de control. Lo que les sucede a nivel emocional es lo opuesto al punto anterior: no sueltan jamás. Expresar nuestras emociones es liberador y regulatorio. Esto no es lo mismo que dejarte llevar por el impulso. Su expresión es la traducción de ese sentimiento al lenguaje hablado, escrito, corporal o artístico. Podemos expresarnos a través de una conversación, escribiendo una carta, dibujando, componiendo música o utilizando alguna de las artes, como la danza o el teatro.

Hacer deporte, dar un paseo o moverse no es expresión emocional, pero nos ayuda a regularnos gracias a los mecanismos cerebrales implicados cuando hacemos una actividad física en calidad de ocio.

Analizar la situación. Implica tomarse un tiempo para pensar sobre ella, hacerse preguntas. Quizá no siempre podremos hacerlo *in situ*, pero sí *a posteriori*. Es interesante examinar los contextos en que ciertas emociones son frecuentes y no nos sentimos a gusto con lo que ocurre.

De nuevo, hay muchas formas de comprender la situación y sus consecuencias, en terapia lo hacemos a través del análisis funcional. En el siguiente apartado encontrarás ejercicios de autorreflexión para hacer *a posteriori*.

Entrar en acción. Hay una creencia errónea sobre que regular emociones es un ejercicio que solo podemos realizar en nuestro pensamiento, pero la realidad es que, la mayoría de las veces, regular las emociones supone decidir respecto a lo que hacemos en nuestro entorno. En terapia existen técnicas de reevaluación o reestructuración cognitiva que nos permiten ver la situación de otra forma. Una de las funciones de estas técnicas es ayudarnos a cambiar nuestras emociones.

Sin embargo, muchas veces, la mejor forma de cambiar nuestra perspectiva sobre algo es haciendo cosas diferentes y siendo nosotras quienes experimentemos el resultado de lo nuevo que hacemos. Debemos hacer algo para obtener pruebas de realidad: comunicar de forma asertiva, expresar la emoción de otra manera, cambiar de trabajo, poner límites, pedir, aprender algo nuevo, mejorar el estilo de vida, etc. En función de nuestra situación y problema, todas estas acciones podrían ser también técnicas para regularnos. Todas implican entrar en acción, hacer algo diferente para sentirnos mejor.

Ejercicios para trabajar la regulación emocional

Entrar en acción es, sin duda, el paso más difícil para alguien que puede estar pasándolo mal. En este apartado encontrarás actividades de autorreflexión que te permitirán visualizar el cambio. Estos ejercicios son útiles para examinar aquellas situaciones en las que ~~casi~~ siempre te sientes mal porque ~~casi~~ siempre pasa lo mismo.

Trabajo en la reflexión emocional

Sabes que cuando ocurre X te sientes mal...

1. ¿Puedes describir cómo reacciona tu cuerpo?
2. ¿Qué te dice esa emoción que hagas?
3. ¿Qué emoción básica crees que sientes?

Miedo   Ira   Asco   Alegría   Tristeza   Sorpresa

4. ¿Qué sueles hacer cuando sientes esa emoción?
5. ¿Por qué crees que haces eso?
6. ¿Qué podrías hacer de otro modo?

Ejemplo: Clara

«Cuando mi madre les cuenta mis intimidades a mis tías, me pongo de los nervios».

1. Me tenso, resoplo, mi cara cambia de expresión, la miro a los ojos, el corazón se me acelera (activación: el cuerpo se prepara para un ejercicio físico porque cree que no está seguro).

2. Me pide que le grite, que le diga que se calle, que siempre hace lo mismo, que nunca me respeta (la emoción más primitiva le pide que se defienda ante lo que ella ve como un ataque).

3. Ira, y a veces creo que asco (es más fácil saber lo que sentimos cuando pensamos en lo que nos está ocurriendo en el cuerpo y en la *psique*).

4. Me voy a mi cuarto o salgo de casa (así regula su enfado en ese momento).

5. Porque no sé hablar tranquila y prefiero marcharme a liarla.

6. Podría decirle que no me sienta bien, pero cuando esté tranquila, y aprender a hablar regulando la emoción.

En el ejemplo de autoanálisis vemos que Clara, en vez de atacar cuando se siente herida, huye. Es su manera de gestionar la ira. No se trata de un tiempo fuera, porque luego no vuelve para arreglar el conflicto. Escapa de él. Su regulación la ayuda a corto plazo porque evita una situación agresiva, pero eso no consigue un cambio a largo plazo. Dentro de un mes, escuchará que su madre habla de ella a sus tías y se irá de casa de nuevo para evitar el conflicto. Si sigue así, dentro de seis meses no podrá controlarse. La emoción le pedirá a gritos que se defienda y explotará. Entonces ¿se está regulando de forma efectiva? Digamos que solo de forma parcial.

No obstante, ha podido escuchar su emoción, sabe que siente ira, que lo que le pide esa sensación es que se defienda, y que lo que está haciendo es huir para no herir a su madre. ¿Cómo defendernos sin hacer daño al resto? Es decir, ¿cómo regular la ira en este caso?

Poniendo límites en un momento en que la emoción de enfado no sea intensa.

Clara tendrá que comunicarle a su madre cómo se siente cuando no respeta su intimidad y pedirle que no lo haga más. Ese sería el siguiente paso para regularse emocionalmente (y para mejorar la relación con su madre). Es decir, tomarse un tiempo para expresar su emoción teniendo una conversación con ella y emprendiendo una acción para delimitar su necesidad.

Por lo tanto, para regular las emociones debes hacer un ejercicio de introspección (pensar, identificar lo que sientes y lo que te pide la emoción) y otro de acción, emprender conductas, simples o complejas, que aumenten la probabilidad de sentirte de una manera determinada.

Hay una reflexión que trabajo en consulta y que ayuda a manejar las emociones desagradables en las relaciones con las demás. La llamo «De los extremos al deseo».

De los extremos al deseo

Cuando sentimos una emoción intensa, sobre todo si es desagradable, y no sabemos regularnos de forma adecuada, tendemos a dos conductas: a dejarnos llevar por ella o a reprimirla. Hablamos de una dualidad **explosión-control**. Te pongo un ejemplo de ambas:

> Juan se enfada cada vez que María no le responde durante días, pero nunca le dice nada porque siente que, si se deja llevar, generará un conflicto, y este hará que María se separe más de él, o eso cree Juan.
>
> Juan está reprimiendo su emoción, y con ello ocurre algo peor: no presta atención a sus necesidades. Su actuación se sustenta en creencias irracionales sobre las emociones y las relaciones. Mostrar molestia no debe conllevar que la relación se deteriore. Ni siquiera un conflicto tendría que significar deterioro. Cuando se gestiona de manera respetuosa y asertiva, el conflicto es una oportunidad de aprendizaje y cambio. Además, es necesario para el ajuste de la relación. Juan se asusta y se culpa por enfadarse porque no cree que tenga derecho a sentirse así ni cree que pueda controlarlo, así que tiende a reprimirlo.

Veamos el ejemplo opuesto:

Juan se enfada cada vez que María no le responde durante horas. La emoción es tan intensa que siente que tiene razón, y la llama y le escribe mensajes infinitos reprochándole que no le conteste cuando él quiere.

Juan justifica sus actos a través de su enfado y, además, lo alimenta. «Si siento esto, será verdad, y tengo derecho a hacer lo que quiera». Esta es una de las creencias irracionales que le hacen mantenerse en esa posición. El conflicto no se reprime, se genera de inmediato. No se toma un tiempo fuera, no analiza la situación. Reacciona sin ningún tipo de filtro. Tampoco ha pensado en otras maneras de actuar. Obedece a lo que la emoción le pide. Juan no da espacio al diálogo, a obtener otra perspectiva de la situación.

Si ni la explosión ni el control son los caminos más apropiados para lidiar con nuestras emociones, ¿qué hay en medio? Como decía, entrar en acción, en otras palabras, la **actuación**.

Si percibes que estás en uno de los dos extremos —controlando mucho o a punto de explotar, como una Coca-Cola con Mentos—, no decidas nada en ese instante, detente unos segundos. Analiza hacia dónde tienes que moverte en ese espectro, si debes expresar lo que sientes o esperar a que la situación se calme. Una vez que sepas lo que ocurre, pon filtro a lo que la emoción te diga que hagas, tanto si es mucho como si es poco.

Lo más común es que las emociones desagradables que sentimos para con las demás personas, o por su comportamiento, se traduzcan en quejas. Nuestra función al regularlas es convertirlas en peticiones, en deseos. A continuación incluyo un ejemplo de cómo puedes hacerlo.

Peticiones emocionales

Análisis	Ejemplo
¿Qué siento? Del uno al diez, ¿cuál es la intensidad de la emoción protagonista?	Enfado 8
¿Qué **discurso** sin filtro me cuenta esa emoción?	Es una egoísta porque no me escribe ni me tiene en cuenta.
¿Qué verdadero **deseo** hay detrás del discurso sin filtro?	Me gustaría que me escribiera más a menudo.
¿Es **justo** pedir este deseo? (¿Respeta sus derechos?)	Sí.
¿Es buena idea **comunicar**lo con esta intensidad?	No. Lo transmitiré cuando baje la intensidad de la emoción.
Una regla mnemotécnica para recordar estos pasos es: **QUÉ-DISCURSO-DESEO-JUSTO-COMUNICAR**	

Resumiendo, a veces, por no afrontar conflictos con el resto, decidimos ignorar nuestras emociones y, en otras ocasiones, les hacemos caso hasta el punto de que nos generan conflictos con las demás personas. Como en la autoestima, debemos aplicar un filtro. Un filtro es un material que se pone entre dos superficies y discrimina entre contenidos. En este caso, es una barrera que solo debe dejar pasar la acción oportuna, una red contra el control excesivo y la explosión incontrolada. La primera barrera del filtro es el tiempo. Cuando identifiques una emoción como problemática en un contexto, regálate unos minutos para pensar qué estás sintiendo, qué te pide, si es respetuoso y justo, y, desde ahí, pon en práctica la respuesta más coherente.

¿Cómo puede influir el nivel de regulación emocional en las relaciones?

Las emociones nos aportan información sobre nuestras relaciones. Nos dicen si han mejorado, si han empeorado o si necesitan un cambio. Los pensamientos no son visibles, pero las emociones suelen serlo para las demás personas, así que también sirven para que ellas regulen su conducta.

Imagina que tienes once años. Visualiza a tu padre relajado, tumbado en el sofá. Estás en el salón con tus amigas, os reís en voz alta, todo va bien. Pero ahora imagina lo siguiente: seguís en el mismo sitio, haciendo ruido —sin duda, os estáis divirtiendo— y, de repente, tu padre se levanta del sofá. Observas su ceño fruncido, su andar tenso, su mirada fija hacia ti. No te dice nada, pero captas la emoción, la señal. No sabes si está enfadado, pero relajado no está. Su emoción, aunque difícil de identificar, genera otra en ti: el miedo. Y el miedo hace que sustituyas tu conducta por una más prudente. Mandas callar a tus amigas y les propones ir a tu cuarto. De este modo las emociones del resto impactan en nosotras como señales y generan cambios en nuestra conducta. Regularla mejor proporciona señales más correctas y apropiadas al entorno y tiene un impacto positivo que nos permite reconocer las señales de quienes nos acompañan.

Además, al saber regular nuestras propias emociones:

- Podremos afrontar mejor los conflictos, pues gestionaremos las emociones que provocan.
- Lidiaremos mejor con situaciones como la rabia que nos produzca saber que hemos cruzado los límites de las demás o con el dolor que genera hacer daño a otras personas (porque no somos perfectas).
- Tomaremos mejores decisiones respecto a lo que necesitamos, ya que sabremos escuchar lo que nos dice el cuerpo.
- Regularemos mejor el sentimiento de soledad, por lo que nuestro miedo al rechazo y al abandono serán menores o, al menos, no le tendremos tanto miedo a sentirnos mal durante un tiempo.
- El peso de nuestras emociones mal gestionadas no recaerá sobre las demás personas (o lo hará de manera ajustada), y gestionaremos el peso de las emociones de las demás, siempre y cuando debamos y podamos sostenerlo.

3

Conozco mis relaciones y las cuido

Los vínculos sanos se caracterizan por su capacidad de repararse, no por la ausencia de conflictos en ellos. Por eso es fundamental asumir que tenemos la capacidad de dañar a la gente aunque no queramos. Asumir el daño es crucial para reparar el conflicto y evitarlo. Este tercer capítulo se centra en cómo desarrollar conductas para cuidar de nuestras relaciones. Cuidar y conocer siempre van de la mano, de modo que todos los apartados invitan a conocer a la persona con la que queremos interactuar.

Para empezar exploraremos el concepto de «empatía», pues nos servirá para no desbordarnos con los problemas del resto, ni quedarnos cortas, pero sobre todo para afrontar de manera sana los conflictos en las relaciones, es decir, de forma asertiva, respetando nuestros límites y los de las demás personas. Escuchar, y hacerlo bien, será fundamental para atender las necesidades y llegar a acuerdos, al igual que saber gestionar las emociones que surgen en una conversación, validarlas, de modo que te ofreceré estrategias para ello. Todas estas habilidades están relacionadas. La empatía facilita muchísimo ser asertiva, y escuchar de forma activa es crucial para la validación emocional e impulsa la intimidad.

Este es solo un ejemplo de cómo se entrelazan, pero en este capítulo las trataremos una a una para que sea más fácil entender cómo ejecutar herramientas que cuiden de nuestros vínculos.

Por último, hablaremos de otras conductas que podemos llevar a cabo para generar intimidad o incrementarla. Para ello, he clasificado y examinado diferentes actos positivos que proliferan en las relaciones para que puedas reproducirlos: procurar tiempo de calidad, vivir experiencias nuevas, conocer a la persona a distintos niveles a través de conversaciones o acciones y reconocer lo que debe suceder siempre. Estos aspectos íntimos, junto a las habilidades mencionadas, serán el caldo de cultivo para una relación íntima sana y equilibrada.

EMPATÍA

En consulta me encuentro a muchas personas que, al presentarse, se describen como empáticas, pero luego me comentan que eso las hace sufrir. También mencionan que afecta a la calidad de sus relaciones:

«Soy muy empática, pero tengo que decir que a veces demasiado».

«Conecto mucho con el sufrimiento de la gente y eso me agota».

«A veces prefiero no hablar con ella porque me absorbe la energía cuando está mal».

Tras estas respuestas, ¿qué podríamos pensar de la empatía? ¿Ser empática significa sufrir? ¿Implica agotarse? ¿Es conectar con la emoción de la otra persona hasta que también te duele a ti?

Si fuera así, ser empática sería más un hándicap que una ventaja, pero en realidad no lo es, porque sufrir y fusionarse con los sentimientos de las demás no es ser empática, al menos tal y como las psicólogas queremos que se entienda la empatía, y tal y como intentamos aplicarla. La empatía trata de pedir prestadas las gafas con las que la otra persona ve el mundo, pero no pretende que te quedes con sus gafas ni que arregles su visión.

La empatía es un concepto amplio, aún en construcción, y existen diferentes clasificaciones científicas. En este apartado nos vamos a centrar en la que generamos (o no) cuando nos cuentan algo importante y en la que necesitamos practicar para mejorar nuestras relaciones íntimas, en concreto para validar las emociones de las demás y ser recíprocas por lo que se refiere a los cuidados.

¿Cuándo estoy siendo empática?

Existe una clasificación extraoficial que es muy útil para entender el concepto de «empatía». Yo la uso en consulta con fines didácticos. Te será muy práctico diferenciar entre apatía, simpatía y empatía. La clasificación procede de una traducción del inglés, así que para nosotras «apática» y «simpática» tienen otro significado, pero en este contexto significan lo siguiente:

- **Apatía.** Cuando somos apáticas, mantenemos una posición distante ante los sentimientos de la otra persona. Incluso rechazamos con desagrado la escucha. Nos sentimos molestas por la historia de las demás. Mostramos indiferencia o juzgamos.
- **Simpatía.** Cuando somos simpáticas, es decir, cuando nos dejamos llevar por el contagio emocional, nos fusionamos con las emociones de las demás. Sentimos que sus problemas son también los nuestros. Nos hacemos cargo. Nos responsabilizamos de cuestiones que no nos atañen. Creemos sentir lo que siente la otra persona.

Según esta clasificación, las personas que acuden a consulta agotadas emocionalmente en realidad se quejan, sin saberlo, de ser simpáticas. Entonces ¿a qué llamamos «tener empatía»?

Ser una persona empática no es llorar cada vez que veas llorar a alguien o enfadarte igual o más cuando una persona te cuenta que le ha pasado algo injusto. Quizá esto quiere decir que eres muy sensible, alguien que se contagia muy pronto. Tampoco ser empática es juzgar o ignorar las emociones de las demás.

La empatía es ese término medio entre
la indiferencia y el desbordamiento.

Hay quienes dicen que la empatía es «ponerse en el lugar del otro». Si bien es cierto, esta definición no nos ayuda a entender cómo se aplica la empatía. Si en un momento dado no conseguimos vernos en la situación que plantea la otra persona —ya sea porque nunca nos ha pasado o porque reaccionaríamos de otra forma—, podríamos dar una respuesta muy apática.

«Ay, no te entiendo. Yo no estaría así por eso». Respondemos de esta manera porque, cuando queremos ser empáticas, por lo general nos hacemos esta pregunta: «Si yo fuese ella..., ¿cómo me sentiría?, ¿qué haría?, ¿qué pensaría?». Pero cuando intentas responderlas desde tu punto de vista ya has perdido por completo el «ponerse en el lugar del otro».

«A ver, sé que mamá te ha regañado y se ha pasado, pero tampoco es para tanto, yo no me podría así. Ya has llorado suficiente, ¿no crees?». Esta posición es tan común que apuesto a que te han dicho alguna vez lo siguiente: «Es que como yo no sentiría/pensaría/haría lo mismo, no te entiendo».

Traduzco: He intentado ponerme en tu lugar. He intentado pensar qué haría yo o cómo me sentiría si fuera tú. Pero como yo no haría ni sentiría lo mismo, no puedo entenderte. No te entiendo. Y, de paso, te juzgo. Y te lo digo. Pero yo soy empática, solo que no te entiendo porque no lo he vivido.

¿Pensarías ahora que tu entorno es muy empático? ¿O más bien empático selectivo?, algo así como «Si yo actuara igual que tú en estas circunstancias, entonces te entendería; si no, no lo entiendo. Siento que estás exagerando e incluso que está mal».

¿Y qué hay de esto? «Es que, como nunca me ha pasado, no sé qué decirte». ¡Vaya corte! Entonces ¿solo se puede entender a alguien si hemos pasado por lo mismo? ¿Se activa la empatía solo si nos sentimos identificadas? A empatizar de forma cognitiva se aprende. No tenemos que esperar a que nos ocurra lo mismo para validar las emociones que surgen de otra historia que no es la nuestra.

La posición empática

El ejercicio que debemos hacer para ser empáticas a un nivel más cognitivo es formularnos lo siguiente: «Ponerme en el lugar de otra persona es entender que, a pesar de que yo no haya vivido esa situación, comprendo que en sus circunstancias se sienta así. Y es válido, me conmueva o no lo haga».

Desde ahí podremos ponernos en su lugar de manera correcta. El siguiente paso será mostrar que aceptas su reacción y que la crees válida: «Entiendo lo que dices, sí. Debe de ser duro para ti».

A este ejemplo de poner en marcha la empatía y comunicarla se le llama «validación emocional». Encontrarás un apartado que habla de este tema.

Otra conducta que implica empatía tiene que ver con considerar información emocional al tomar decisiones en la relación. Es tener en cuenta lo que hace sufrir a una persona, lo que la hace feliz, lo que le importa, lo que le molesta, y no olvidarnos de ello en el marco relacional. Por ejemplo, si sabes que a tu amiga le fastidia que llegues tarde, intentarás ser puntual a pesar de que para ti no sea importante, o si sales cansada del trabajo pero tu amiga necesita que la llames por una emergencia, que al menos lo pienses y no le pongas un límite de forma inmediata por estar cansada; al menos evalúa qué consecuencias puede tener y cómo se puede sentir.

A modo resumen, la posición empática tiene que ver con

entender al resto desde su contexto, permitirlo y actuar conforme a ello, ya sea comunicándolo o examinando las consecuencias de nuestras acciones en el encuadre del vínculo.

El punto medio

Cuando se trata de la empatía, una forma de regularte es, primero, reconocer en qué área estás con respecto a una persona y su historia, por ejemplo:

«Cuando mamá me habla de su trabajo, creo que soy muy **apática**. Llego cansada y me cuesta escucharla. Me habla y sé que mi cara es un cuadro».

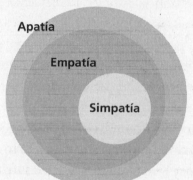

Y segundo, una vez localizada esa área, intentar dar pasos en la dirección empática. Para ello te dejo varias estrategias:

1. Si te das cuenta de que estás siendo **apática**:

    • Acércate físicamente a esa persona, mírala a los ojos y orienta el cuerpo hacia ella. Te ayudará a crear contacto emocional.

- Si estás siendo apática porque tienes otras cosas en mente, dile que te encantaría dejar la conversación para más tarde, para cuando estés más centrada y puedas atenderla.

2. Si te das cuenta de que estás siendo demasiado **simpática**:

- Escucha, asiente, curiosea, pero deja que la persona diga cómo cree que puede solucionarlo.
- Si te sientes abrumada, tienes derecho a desconectar, pero siempre desde el respeto. «Oye, esto me está afectando mucho, prefiero que lo hablemos en otra ocasión».
- Suelta la responsabilidad. Recuerda, no tienes que dar soluciones, y mucho menos ser la solución. Para asegurarte, pregunta: «¿Quieres que te ayude o solo que te entienda?». Si te pide ayuda, permítete un tiempo para pensar si quieres o puedes hacerlo: «Me importa lo que estás pasando, pero tengo que pensar si estoy preparada para ayudarte».

3. Para ser **empática**:

- Respeta lo que sabes que es importante para ella, lo que le duele.
- Muestra que la escuchas activamente, que la entiendes y que no intentas cambiar la situación.
- Ten en cuenta que no es confrontar, dar la razón ni hacer tuyo el problema.

- Acompaña, pero al mismo tiempo distánciate de los problemas que no te corresponden y deja que ella sea responsable de sus acciones. Es decir, abandona el paternalismo: pregúntale si necesita ayuda, pero no asumas que la quiere sin comprobarlo antes.
- Demuestra que te acuerdas de lo que le hace bien, compórtate de una manera que le haga sentirse cómoda.

¿Por qué practicar la empatía en nuestras relaciones?

Estarás de acuerdo en que querrás contarle más a la persona que sabes que reacciona de forma justa ante tu dolor. No juzgar las emociones de las demás y hacerles ver que entendemos su contexto fomenta la confianza. La empatía fortalece las relaciones. Nos hace sentirnos aceptadas, tranquilas, seguras.

Por otro lado, si casi siempre que conectas con alguien te fusionas con sus emociones, acabarás agotada, y sabemos que alguien agotada emocionalmente no tendrá las mejores reacciones en una relación. Por eso es crucial aprender que la empatía es buscar el punto medio entre la apatía y la simpatía. Hacerlo os protegerá a ti y a tus vínculos de las consecuencias que pueda tener el cansancio de sostener sentimientos ajenos de forma constante.

Por último, practicarla nos permite ser responsables a nivel afectivo. Ambos conceptos son distintos. La empatía es una posición emocional y cognitiva que podemos tener con la chica con la que nos encontramos en el metro, con alguien que no conoces de nada. Sin embargo, la responsabilidad afectiva es una actitud transversal a la relación que requiere de empatía y de que exista algo de intimidad. Cederle tu asiento en el metro a una mujer embarazada es un ejercicio de empatía, pero no de responsabilidad afectiva. Ser sincera y decirle asertivamente a tu rollo que no quieres verlo más en vez de desaparecer sin dar explicaciones es un ejercicio de responsabilidad afectiva que ha requerido ponerse en el lugar de la otra persona, entre otras habilidades. Por lo tanto, podemos decir que existe empatía sin responsabilidad afectiva, pero no responsabilidad afectiva sin empatía. Y que esta es crucial para desarrollar vínculos justos y sensatos.

ASERTIVIDAD

Antes de explicarte qué es la asertividad, cómo podemos ponerla en marcha y por qué es importante para desarrollar la responsabilidad afectiva, me gustaría que leyeras los siguientes ejemplos y contestaras de la forma más sincera posible. Quizá no pueda darte la opción que describa de forma exacta lo que haces en esa situación, pero te pediré que elijas aquella a la que tenderías. No se trata de una prueba estandarizada, es una autoexploración. Veamos cómo reaccionarías en los siguientes conflictos:

1. Has quedado con tu mejor amiga para ver una película y vais andando al cine. Llegáis con el tiempo justo. Tu amiga reconoce a una persona por la calle y se detiene a hablar con ella. No ha sido un simple saludo, siguen

charlando, y tú solo puedes pensar en que seguro que en el cine ya están poniendo los anuncios. Vais a llegar tarde y tenéis la entrada pagada. ¿Qué tiendes a hacer en esa situación?

a) Le digo que, si sigue hablando, me voy sin ella. No pienso llegar tarde por su culpa.
b) Interrumpo amablemente la conversación y le recuerdo que vamos mal de tiempo.
c) Me quedo esperando a que termine de hablar. Me parece de mala educación interrumpir a la gente.

2. Tu hermana se ha puesto tu ropa prestada. Ha salido a comer con tu camiseta y la ha manchado de aceite. No es la primera vez que ocurre. Sueles dejarle tu armario a su disposición y esta es ya la tercera vez que te devuelve manchado algo que le prestas. Ella se disculpa, pero le quita importancia y bromea. En el fondo, te sienta mal. ¿Qué haces?

a) Le explico que, aunque entiendo que no es su intención, me sienta mal que me devuelva la ropa manchada y que, como no tiene cuidado, por un tiempo no volveré a prestársela.
b) Se la monto. Y encima ella se ríe de la situación. Debería tener cuidado con las cosas que no son suyas. No le vuelvo a prestar nada en la vida.
c) Me río y le digo que no pasa nada. Tampoco hay que dar tanta importancia a una camiseta; ya se me pasará el enfado.

3. Tu pareja, que estuvo ayer de fiesta contigo, te dice por la mañana que habría necesitado que le prestaras más atención. Le molestó especialmente que salieras del pub y no volvieras en una hora. Se preocupó porque no avisaste de que te marchabas y no sabía si ibas a volver. Pensó que ayer no era momento de hablarlo y esperó a esta mañana. ¿Cómo reaccionas?

a) Le pido perdón de inmediato. No quiero tener problemas. No lo voy a hacer más.

b) Me enfadaría. No es para tanto. No puedo estar todo el tiempo pendiente de ella. ¿Qué quiere, que sea su sombra?

c) Escucho cómo vivió la situación y le explico por qué se me olvidó avisarla. También me aseguro de que entienda que me gusta pasar tiempo con otras personas cuando salimos en grupo. La próxima vez la avisaré y estaré más pendiente.

Soluciones:

He elegido reaccionar de manera **pasiva** si he marcado:	1C	2C	3A
He elegido reaccionar de manera **agresiva** si he marcado:	1A	2B	3B
He elegido reaccionar de manera **asertiva** si he marcado:	1B	2A	3C

Puede que tus tres respuestas coincidan con un único estilo o que tengas una mezcla de varios. Esta última opción no es rara. No solemos comportarnos siempre de la misma manera, y no es malo que sea así, a no ser que percibas tu comportamiento como errático, inestable e impulsivo. En los siguientes apartados te ayudaré a saber cuáles son las diferentes formas de reaccionar ante un conflicto y a que evalúes cuál te servirá para alcanzar tus objetivos relacionales.

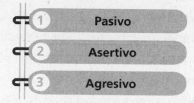

¿Cómo reaccionas ante los conflictos?

En cada una de las situaciones anteriores se muestran tres opciones que muestran los tres estilos de comunicación más comunes que usamos ante un conflicto:

La conducta pasiva

Cuando las personas utilizan este estilo comunicativo no defienden o expresan sus derechos, necesidades u opiniones, o, si lo hacen, es de manera derrotista, pidiendo disculpas, sin reafirmar su posición. Tienden a ceder en las conversaciones, a quedarse calladas o a dar la razón. Insistir les parece incómodo. Defenderse les suele dar miedo y abandonan rápido.

Por lo general, evitan reafirmarse porque creen que así no se generará un conflicto, pero, en realidad, al no comunicar efectivamente sus necesidades, deseos u opiniones, el conflicto perdura en el tiempo, aunque de forma encubierta.

—Mira que eres imbécil, ¿eh? ¿No te he dicho que ahí no era?

—Vale, vale. Perdona.

La conducta agresiva y pasivo-agresiva

Todas sabemos que, cuando insultamos a alguien, elevamos el tono de voz o mostramos cualquier otra conducta desafiante, como señalar, amenazar, cara de asco, etc.; estamos siendo agresivas y directas. Como estas dos personas:

—Mira que eres tonta, ¿eh? ¿No te he dicho que ahí no era?

—¿Por qué me insultas? Tonta tú, que tienes muy mala boquita.

Pero también existe otro tipo de agresividad más indirecta. Muchas profesionales lo consideran otro estilo comunicativo. Este combina características pasivas y agresivas al mismo tiempo: lo llamamos «pasivo-agresivo».

—¿Qué te pasa?

—Nada, tú sabrás.

Sabes que no es cierto. Le pasa algo. Se le nota en la cara, en el tono de voz. Intuyes que está enfadada contigo, pero no sabes por qué. A pesar de que preguntas, no te dice nada al respecto, pero su conducta te deja claro que hay distancia y hostilidad. La incertidumbre y la frustración de no poder hacer nada te genera ansiedad. De forma pasiva, te está castigando.

Actuar pasivo-agresivamente es una conducta agresiva porque produce en quien la recibe la sensación de estar siendo atacada, a pesar de que el ataque no sea tan explícito como podría ser un grito. Cuando utilizamos este estilo, intentamos generar emociones negativas en las demás para conseguir nuestros deseos, pero sin expresar lo que necesitamos. Existe una desconexión entre lo que hacemos y decimos. Ejemplos de ello son:

- Cuando utilizamos el silencio para castigar. No decimos nada, pero nuestro distanciamiento informa de manera indirecta de que algo va mal.
- Cuando utilizamos comentarios sarcásticos que sabemos que van a herir. Estos envían un mensaje difuso de que algo no va bien. No decimos que algo nos molesta, pero soltamos la pullita.
- Cuando actuamos de forma distante u hostil y ofrecemos respuestas cortas y desafiantes porque aún no han adivinado lo que nos pasa. Ni silencio ni sarcasmo, somos personas monosilábicas y no diremos nada hasta que nos lean la mente.

En definitiva, estamos siendo pasivo-agresivas cuando expresamos nuestros sentimientos desagradables de forma indirecta en vez de abordarlos abiertamente y cuando, además, esta conducta pretende generar un cambio en la otra persona.

Es muy complicado resolver un conflicto si generamos confusión o somos irrespetuosas. Ser agresivas implica no tener en cuenta los derechos de las demás o su opinión en el conflicto. Además, quienes se comportan de manera agresiva, ya sea de forma directa o indirecta, generan miedo, rechazo o apatía en las otras personas.

La conducta asertiva

Este estilo comunicativo es el más adecuado para resolver un conflicto. Se trata de expresar nuestras opiniones, preferencias, necesidades, deseos, etc., respetando al mismo tiempo los derechos de las demás. No es cuestión de ser consistente e inflexible con nuestra opinión, sino de que, cuando tengamos claro qué necesitamos decir, lo hagamos de una manera que no dañe a quien lo reciba. Ni pasivas ni agresivas. Defiendo lo mío, pero te respeto.

—Mira que eres imbécil, ¿eh? ¿No te he dicho que ahí no era?

—Mario, si vuelves a hablarme así, me marcho. Que me haya equivocado no te da derecho a hablarme de este modo.

No siempre se quiere o se puede ser asertiva. No todas las circunstancias son idóneas para poner en marcha la asertividad, y es posible que, en otras, lo que más te convenga sea actuar de manera pasiva o agresiva. Aquí tienes dos ejemplos:

• Acudes a una reunión familiar y tu tío, el bromista, está dando un discurso algo irrespetuoso. Hacía años que no os reuníais toda la familia y lo estáis pasando bien, a pesar de esos momentos incómodos. En vez de explicarle a tu tío que lo que dice está mal, decides mantenerte al margen. No quieres romper la calma, y sabes, por otras ocasiones, que reacciona mal cuando no le dan la razón.

Aunque te gustaría que se diera cuenta de su actitud, en este momento no das prioridad a ese objetivo. Adoptas un estilo pasivo y no perturbas la relación.

- Estás de fiesta y alguien te toca sin tu permiso, te pisa varias veces y se lo toma a broma. En un momento dado, elevas el tono y le dices que se vaya a otro sitio. Te interesa proteger tu espacio vital. No te importa arruinar la relación con esa persona, porque tampoco la conoces y te está agrediendo. Adoptas un estilo agresivo y mantienes tu objetivo de protegerte.

Aunque el estilo idóneo debería ser el asertivo, existen situaciones en las que preferimos no usarlo. Para que la elección sea más consciente y considerada, te dejo una pequeña tabla que resume qué estilo sería más coherente en función de nuestras metas.

¿Qué me interesa más en este momento?	Estilo coherente
Mantener o no perturbar la relación.	Pasivo
Mantener mi objetivo.	Agresivo
Mantener mi objetivo + Mantener o no perturbar relación.	Asertivo

¿Cómo reconocer una conducta asertiva?

Antes de aprender a iniciar una conversación asertiva, el primer paso es reconocer los estilos que se usan en un diálogo.

Cuanto menos te cueste identificarlos, más fácil será que integres el estilo que deseas a la conversación o empezar con él. Aquí tienes cinco situaciones para que puedas practicar. Identifica en ellas el estilo de la **persona X**.

Situación 1

X: Oye, hoy no puedo llevarte a canto, me ha salido una urgencia.

Z: Entonces ¿quién me va a llevar? ¿Me vas a dejar tirado?

X: No, *joé*, es que no puedo...

Z: Increíble... Yo jamás te haría eso.

X: Vale, te acerco yo.

Pasiva – Agresiva – Asertiva

Situación 2

X: No me has dicho lo que pasó ayer con Laura.

Z: Cierto, si quieres te lo cuento. Aunque no sé por qué debería decírtelo.

X: Porque se supone que soy tu mejor amiga, pero ya veo que solo lo soy para lo que te interesa.

Z: ¿Perdón? Me estás atacando sin motivo.

X: Hazte la víctima, sí, que se te da muy bien.

Pasiva – Agresiva – Asertiva

Situación 3

Z: ¿Te vienes este sábado conmigo y con Jaime? Vamos a la fiesta esa.

X: ¿Con ese tío? Ni de coña.

Z: ¿Por qué hablas así? Di mejor que no quieres venir y punto.

X: Tengo derecho a hablar como quiero. Tú siempre defendiendo a todo el mundo menos a mí.

Z: No saques las cosas de contexto.

X: No tengo ganas de salir el sábado, paso. ¿Lo entiendes así o te lo explico de otra manera?

Pasiva – Agresiva – Asertiva

Situación 4

X: Oye, Patri, al final no voy a ir al concierto. ¿Conoces a alguien que quiera la entrada?

Z: ¿Cómo que no vienes? Tía, vente conmigo, porfa, no me dejes sola.

X: Necesito ahorrar. Te ayudo a buscar a alguien que pueda acompañarte, pero, sintiéndolo mucho, he cambiado de opinión.

Z: *Joé*, tía… Es que solo queda una semana.

X: ¿Conoces a alguien que quiera ir contigo?

Pasiva – Agresiva – Asertiva

Situación 5

Z: ¿Quieres que vayamos de viaje a Madrid?

X: No sé, en verano mejor un sitio más fresquito, ¿no?

Z: Sí, ya, pero me apetece Madrid.

X: Bueno, pues vamos.

Pasiva – Agresiva – Asertiva

Situación 6

X: Oye, te noto raro. ¿Te pasa algo?

Z: Nada.

X: Me sigue dando la sensación de que algo te pasa y no sé qué puede ser. No te insistiré más, pero quiero que sepas que podemos hablarlo cuando lo necesites.

Z: Vale.

Pasiva – Agresiva – Asertiva

Soluciones:

- **Situación 1:** pasiva. X cede ante la conducta agresiva de Z. Abandona su necesidad.

- **Situación 2:** agresiva. X no respeta la decisión de Z. Es irrespetuosa con ella y utiliza el chantaje emocional.

- **Situación 3:** agresiva. X utiliza un lenguaje descalificativo y hostil. Desvía el tema de conversación y reprocha.

- **Situación 4:** asertiva. X defiende su opinión a pesar de que Z intenta persuadirla. Ofrece alternativas. No se desvía del tema. No ataca a Z.

- **Situación 5:** pasiva. En realidad, X no expresa lo que quiere. «No sé» en vez de «No me apetece ir a Madrid». Acaba cediendo ante la preferencia de Z, a pesar de que Z no es agresiva.

- **Situación 6:** asertiva. X expresa una opinión a la vez que respeta la decisión de Z. Dice lo que piensa y siente de forma clara. Ofrece alternativas.

Iniciar una conducta asertiva

Una vez que sabemos identificar los estilos de comunicación tanto en nosotras como en el resto, lo siguiente es averiguar cómo dar paso a la acción. La conducta asertiva se pone en marcha para resolver conflictos de forma más eficaz y responsable afectivamente. Deberás comunicar respetando tus derechos y los de la otra persona.

No obstante, que uses una comunicación asertiva no será siempre garantía de éxito inmediato. Es probable que, incluso ante tu mensaje asertivo, la persona pueda reaccionar mal. Ten en cuenta que no todo el mundo está acostumbrado a comunicarse de esta forma y, a pesar de tus buenas intenciones, pueden ponerse a la defensiva. Pese a ello, la ventaja de usar el estilo asertivo será que, como es un mensaje que se elabora desde el respeto, puede dar paso a la reflexión por parte de quien escucha, mientras que un mensaje agresivo conseguirá todo lo contrario.

Ten en cuenta este orden de pasos para poner en práctica la conducta asertiva al detectar un conflicto:

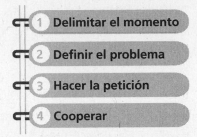

A continuación te detallo cómo seguirlos de forma responsable.

Delimitar el momento

Si puedes, selecciona el momento y el lugar para hablar del problema. Muchas veces el conflicto nos sorprende delante de otras personas, y no queremos que existan testigos que se entrometan o que hagan sentir acorralada a la otra parte. A veces, es suficiente con apartarse unos metros. En otras ocasiones será importante elegir un lugar y un momento adecuado para ambas. Abordar el conflicto de forma exitosa requiere que mostremos respeto a nuestra conversación y, como consecuencia, a la relación en general.

«Le preguntaré si quiere hablar del problema esta noche, cuando llegue a casa. Si no, le propondré otro momento para mañana o pasado». Hay cientos de excepciones en las que no podrás elegir el momento ni el lugar, como cuando quieres decirle a un camarero que algo no te gusta o pedirle a alguien que no se cuele. Pese a ello, tener en cuenta este aspecto en las relaciones íntimas es fundamental si quieres cuidar la relación con esa persona, en especial cuanto más grave sea el conflicto.

Definir el problema

Ante una situación, te pones nerviosa. Notas que algo va mal. Sabes, porque has leído sobre tus derechos asertivos, que está bien decir lo que opinas al respecto, pero no tienes muy claro qué está mal en esta circunstancia y qué quieres pedir. Aparte de encontrar el momento para hablar del conflicto, tienes que definirlo. Debes saber expresarlo.

Existen varias claves que te ayudarán a delimitar el problema de forma asertiva:

Detecto lo que necesito. Pregúntate: ¿Qué opino/deseo/necesito? Revísalo si es necesario. Escúchalo primero sin filtros y después elimina de la frase la duda o la agresión. Ese será tu objetivo.

- **Sin agresión:** «Necesito que se callen ~~de una maldita vez~~ cuando estoy estudiando~~, joder~~».
- **Sin duda:** «~~No sé...~~ Necesitaría ~~un poco de~~ silencio».

Nada de sincericidio ni de enmascaramiento. El sincericidio sería algo así: «Como soy muy sincera, te digo lo que pienso sin filtro». En otras palabras, sería ser irrespetuosa, pero disfrazándolo de una acción honesta. Esta no es una forma asertiva de delimitar el problema. Tampoco lo es el ocultamiento:

cuando tintamos la situación de diminutivos como «un poco», «un poquito», «algo» o de forma dubitativa: «no sé», «solo es mi opinión...». No hay nada de malo en explicar lo que te molesta con todas las palabras.

- **Sincericidio:** «Últimamente, cuando voy a estudiar, te oigo hablar alto, ~~y encima tienes una voz tan estridente que se me mete en la cabeza durante horas~~».
- **Enmascaramiento:** «Oye, hablas ~~un pelín~~ alto y estoy estudiando. ¿Te importaría bajar la voz ~~un poquito? Si puedes, claro~~».

El problema no es la persona, es su conducta actual. Deja claro que el motivo de cómo te sientes tiene que ver con la conducta de este momento, en vez de hacer sentir a la persona como si ella fuera el problema. No utilices adjetivos que la definan. Evita frases con «ser» y utiliza «hacer», «estar», «mostrar» o «comportar».

- **Persona como problema:** «Eres distante», «Eres irresponsable», «Eres un enfadón».
- **Conducta como problema:** «Te muestras distante», «Ayer te comportaste de forma irresponsable», «Creo que ahora estás enfadado».

Para hacerlo mejor, piensa en la conducta de esa persona y el sentimiento que te provoca. Une la conducta al sentimiento y comunícalo. Plantéate tu parte de responsabilidad y habla en primera persona.

- **Sin unir:** «No has sacado al perro, como siempre. Siempre soy yo la que tiene que sacarlo. Es que eres una egoísta. No te importo».
- **Conducta y sentimiento unidos:** «Cuando no sacas al perro durante días, siento que no te importo».

Hablar en primera persona es muy importante en la comunicación asertiva, pues nos interesa mantener tanto nuestros deseos como la relación. Así no asumimos intencionalidad y se reduce la probabilidad de que la otra persona se sienta atacada.

- **En segunda persona:** «Me haces daño cuando dices eso», «Pasas de mí», «Me tratas mal».
- **En primera persona:** «Me siento mal cuando dices eso», «Siento que estás pasando de mí», «No me gusta cómo me has tratado».

Conviene evitar palabras como «siempre» o «nunca», porque no suelen ser realistas. Si tendemos a abusar de ellas, la persona se sentirá atacada y buscará excepciones, lo cual puede hacer que se pierda el hilo de la conversación e incluso que esta escale. Elige palabras concretas o que no generalicen.

- **Generalizar:** «siempre», «nunca», «todos los días», «toda tu vida».
- **Concretar:** «últimamente», «el miércoles por la mañana», «ayer», «estas últimas semanas», «a veces», «hace dos días».

Por último, céntrate en una conducta por conversación. Pregúntate: ¿cuál es el problema ahora mismo? ¿A qué le voy a dar prioridad? ¿Qué es lo que no me ha gustado? Recuerda hablar de lo que ocurre de manera objetiva, basándote en las características de esa situación problemática en concreto.

- **Señalar varios problemas:** «Cuando salimos con nuestros amigos no me das abrazos. Muchas veces te vas y no vuelves en una hora. Además, no me dices que sales y siempre llevas el móvil en silencio. Y, encima, si te digo algo, te pones a la defensiva».
- **Señalar solo un problema:** «He notado en varias ocasiones que no me das abrazos cuando salimos con mis amigos. Me siento incómodo porque dudo de si acercarme a ti o no, no sé entender lo que te gustaría en ese momento».

Hacer la petición

Limita tu objetivo o petición con una o dos frases claras. Los cambios que se pidan deben ser razonables. Para facilitar su puesta en marcha y que no generen rechazo, es mejor pedir cambios pequeños y concretos, y no demandar más de uno o dos a la vez.

- **Abstracto y numeroso:** «Me gustaría que estuvieras más pendiente de mí cuando estamos con gente y que no fueras tan tímida, que hablaras más. También que me llamaras una vez al día».

- **Concreto y único:** «Me gustaría que tuviéramos más contacto físico cuando estamos con gente».

Cooperar

Coopera para que la petición tenga más probabilidades de cumplirse. Puedes ofrecer alternativas o dejar claras las consecuencias positivas de que se respete. Estos efectos positivos deben parecerle deseables a la otra persona. Puedes mencionar también las consecuencias negativas de no cumplir tu petición, pero no en forma de amenaza, sino a modo descriptivo.

- **Amenazar:** «Si no lo haces, lo dejamos. No aguanto más así».
- **Cooperar:** «Si quieres, podemos ir viendo si te sientes cómoda con el contacto físico en público. Si no te gusta mi opción, ofréceme una alternativa, porque no me sentiré bien si continuamos así».

Resumen

Ante un conflicto detectado: «No me ha gustado que contase en mitad de la cena detalles de la cita que tuve con Juan».

Delimitar el momento: «Se lo diré cuando estemos a solas».

Definir el problema: «Oye, quería que supieras que me he sentido incómoda cuando has hablado de mi cita con Juan. Creo que en ese momento no has tenido en cuenta mi privacidad y me he sentido mal, me ha hecho enfadar».

Hacer la petición: «Me gustaría que, cuando te contara algo en privado, no lo aireases públicamente».

Cooperar: «Por supuesto, seguiré contándote mis cosas, pero solo si me aseguras que eso no volverá a pasar».

Es difícil que te acuerdes de usar todas estas claves *in situ*. Te recomiendo que analices una situación pasada teniendo en cuenta estos cinco momentos, y que cambies la respuesta que tuviste por una más asertiva. Así irás entrenando poco a poco. El siguiente cuadro te ayudará a hacerlo. Compáralo con el resumen anterior.

Experiencia pasada

- **Problema:**

- **Cuál hubiera sido el momento de comunicarlo:**

- **Cómo le hubiera explicado el problema:**

- **Qué le hubiera pedido de manera asertiva:**

- **Cómo hubiera cooperado:**

Recuerda que el lenguaje no verbal es básico para comunicarnos de forma asertiva. Para que nuestro mensaje sea asertivo también es necesario cuidar el tono, los movimientos corporales, las expresiones faciales, etc. Volverás a estos elementos en el apartado que trata sobre la escucha activa, un poco más adelante.

Técnicas para poner límites asertivamente

¿Qué hago cuando tengo claro mi objetivo, pero intentan que cambie de opinión? ¿Qué debo hacer para proteger mis derechos? ¿Cómo puedo mantener mi posición? ¿Y cortar una conversación que no nos lleva a ningún lado? Las siguientes técnicas asertivas te ayudarán a resolver estas cuestiones.

Técnica del disco rayado

Tienes claro que no vas a ir al concierto, que no quieres hablar más o qué opinas sobre algo, pero tu interlocutora insiste con miles de argumentos para que vayas al concierto, para seguir hablando o para que cambies de opinión.

En vez de argumentar otra vez por qué no quieres ir al concierto, seguir la conversación si no quieres o justificar de forma machacona por qué opinas algo, pon en marcha la técnica del disco rayado.

Se trata de repetir la misma frase, o una parecida, hasta que la otra persona entienda que no cambiarás tu postura. Lo que pretende esta técnica es que la persona se canse de insistir. Todos sus intentos llevarán siempre a la misma respuesta:

- «Me gusta que quieras que vaya, pero no puedo... Ya, seguro que lo pasaría bien, pero esta vez no podrá ser... Desde luego, pero no voy a ir... Podría ser una solución, pero de todas formas no iré».
- «No quiero hablar más hoy, dejémoslo para otro día... No me apetece seguir hablando... No quiero ha-

blar más... Como te he dicho, prefiero hablarlo otro día».

- «Lo entiendo, pero pienso que... Ya, sigo pensando que... Sí, aunque sigo manteniéndome en mi posición... Lo que creo es lo que te he dicho».

Importante: en esta y en todas las demás técnicas siempre has de mantener el mismo tono. Si te alteras y elevas la voz, manifestarás agresividad. Tampoco se trata de hablar de forma autocompasiva. Solo sé amable y firme a la vez.

Técnica del acuerdo asertivo

Técnica esencial que se usa cuando te atacan por cometer un error. Por lo general, cuando se ataca no se hace referencia a la conducta, sino a la personalidad, como si aquello que hubiéramos hecho mal o diferente significara que somos malas, tontas, manipuladoras, irresponsables, etc. Con esta técnica admitimos el error y señalamos que no estamos de acuerdo con la acusación personal. Que señalen el error es justo, pero evitamos que utilicen para con nosotras adjetivos que nos definan como buenas, malas, tontas, listas, etc. Veamos algunos ejemplos:

Situación 1:
—¿No has sacado la basura? ¿Por qué tengo un hijo tan irresponsable?
—Es verdad, me olvidé de tirar la basura, pero casi siempre soy responsable.

Situación 2:

—Eres mala. Me has mentido.

—Me arrepiento de haberte mentido. No lo hago con frecuencia y no soy mala persona. De hecho, no voy a hacerlo más.

Situación 3:

—Te importa una mierda lo que digo.

—Siento que se me olvidara el paquete, pero eso no es verdad. Es la primera vez que se me olvida. Estaré pendiente la próxima vez.

Técnica de la pregunta asertiva

Cuando nos critican, nos ponemos a la defensiva, lo que suele provocar que nos increpen más y que nos cueste entendernos. Esta técnica pretende mostrar que recibes la crítica como algo positivo y que tienes interés en saber en qué se basa. De esta forma, evitamos responder a la defensiva. Tendrás que preguntar, ser curiosa, pedir que te aclaren lo que no entiendas. Si lo haces con un tono amable, pasarás de ser enemiga a aliada y, muchas veces, la crítica se ablandará. Eso sí, tienes que ser capaz de tolerar todos los detalles del comentario negativo de forma pacífica y no rebatir las respuestas que consideres justas.

- «Vale, entiendo que no te gustó lo que hice cuando estábamos con mis amigas. ¿Qué fue lo que no te gustó en concreto? ¿Cuándo dices que lo hice? ¿Qué crees que podría haber hecho?».

- «Deja que te pregunte para entenderlo mejor: ¿qué es lo que te hizo daño? ¿Por qué? ¿Crees que lo hice a propósito? ¿Qué te hace creer que lo hice con intención? ¿Puedo hacer algo para para que no lo veas así?».

Técnica de redirigir

Cuando se discute, es muy común apartarse del tema. Solemos echar cosas en cara que pertenecen al pasado y sacamos a colación otros temas que también nos molestan, pero que no están relacionados con el de ese momento. La técnica consiste en centrarnos en el tema principal e ignorar los intentos de la otra persona que nos llevan a otros temas. Si insiste, pondremos en marcha la técnica del disco rayado. Esta tiene como objetivo focalizarnos en procesar el cambio, es decir, centrarnos en lo que fue motivo de la crítica para entenderlo y cerrarlo, si es posible.

- «Me parece que nos estamos yendo del tema».
- «Volvamos al tema anterior, que es el que nos ocupa ahora».
- «Acabaremos hablando de hechos pasados y nos enfadaremos más. Vamos a centrarnos en el tema principal».
- «Nos estamos yendo del tema sin resolverlo. Volvamos al principio».

Como ves, no se hacen comentarios, sino que se ignoran los temas secundarios y las incitaciones sobre esa cuestión. Requiere un gran autocontrol, pero los resultados son muy positivos.

Técnica del banco de niebla

Una persona está siendo muy insistente contigo, a la par que hostil. Quieres mantener tu postura, pero no quieres seguir discutiendo, porque sabes que las cosas se pondrán peor. La técnica del banco de niebla consiste en ceder terreno, pero no del todo. Se trata de dar parte de razón a tu interlocutora, pero dejando claro que quien decide eres tú. Es como si dijéramos: «Te he entendido, pero yo decido qué hago al respecto». Sin justificarnos. Se utiliza cuando percibimos que nos están dando un consejo o crítica de forma manipulativa o cuando la insistencia supera nuestros límites. Para que tenga éxito, recuerda cuidar mucho el tono. Suele aplicarse junto con la técnica del disco rayado (repetir lo mismo). Veamos varios ejemplos:

Señalar la verdad de la crítica:
—Nunca vienes a comer. Pasas completamente de tu madre.
—Tienes razón, ya no voy a comer a casa, pero no puedo con mi nuevo trabajo.

Señalar posibilidad en lo que dicen:
—Pero bueno, ¿no te das cuenta de que lo has hecho todo mal?
—Es verdad, a veces podría hacer las cosas mejor.

Señalar lo que vemos lógico:
—Si no pides perdón a tu padre, no querrá saber nada de ti.

—Puede que tengas razón y que no quiera volver a verme, pero aún no estoy listo para hablar con él.

Escapar de la insistencia:
—Cariño, llegaste muy tarde anoche.
—Sí, llegué algo tarde.
—No puedes llegar tan tarde, ¿eh? ¡Te pasaste de la hora! Ya te lo dije.
—Es verdad que me lo dijiste. Lo estaba pasando bien y no pensé que te molestaría que llegara una hora tarde.
—No puedes seguir haciendo lo que te da la gana. Además, la noche es muy peligrosa. ¿Y si te pasa algo?
—Es verdad, puede ser peligrosa. Tendré cuidado.

Cortar el intento de discusión:
—Otra vez se nos ha pasado la hora por tu culpa.
—Pues sí, puede que tengas razón.
—¿Cómo que «puede»? Siempre llegamos tarde por tus tonterías.
—Es verdad, siempre llegamos tarde.

¿Qué diferencia esta técnica de una conducta pasivo-agresiva? Podrías pensar que, cuando usamos el banco de niebla, estamos evadiendo un tema que nos molesta sin ser claros y, además, dando largas. Sin embargo, a diferencia de una conducta pasivo-agresiva, nuestro fin no es intentar que adivinen lo que nos pasa ni tampoco buscamos que se sientan mal. Más bien lo que hacemos es, ante un ataque, evitar una discusión en un momento en que predecimos que no saldrá bien. No consiste en olvidar el tema y no retomarlo, tampoco en responder con hostilidad o resentimiento. Es una posición pseudosumisa que nos sirve para salir del paso en un momento tenso. Nos permitirá volver más tarde, de otra forma, a poner límites o a negociar, si es necesario.

Técnica de aplazar

En ocasiones, la mejor manera de acabar una conversación es no dejar que empiece. A veces, el enfado de las demás nos agita y sentimos que no podremos dar una respuesta asertiva. Otras veces, el estado de la otra persona es muy agresivo y hay incluso situaciones en las que pensamos que no es buena idea hablar bajo el efecto del cansancio o de alguna sustancia. Con la técnica de aplazar dejamos claro que nos interesa la conversación, que la tendremos, pero en otro momento. En su origen se conocía como la técnica de ignorar el enfado. No me gusta llamarla así porque no pretendemos ignorarlo, sino tener en cuenta que existe, pero abordarlo más tarde, en otra circunstancia más adecuada.

- «Me has gritado, y eso no lo puedo tolerar. Vamos a dejar la conversación para otro momento en que estés más calmada».
- «Coincidirás conmigo en que no es el mejor momento para hablar. Lo dejamos para mañana».
- «Lo hablaremos, yo también quiero hablarlo, pero te pido que no insistas más. Ahora no es el momento».
- «Me parece que estás muy enfadada. Eso me pone nerviosa. Quiero hablarlo, pero cuando las dos estemos más tranquilas».

- «Estoy muy cansada para tener una conversación agradable contigo. Creo que tú tampoco estás en tu mejor momento. Lo dejamos para más tarde».
- «Retomaremos el tema en otra ocasión. Creo que será mejor para mí».

Técnica del quebrantamiento del proceso

Una buena forma de cortar un ataque es acabar con el tema o con la conversación por completo. Puedes acompañarlo con monosílabos y dirigir la mirada y el comportamiento hacia otro sitio después de detener el diálogo.

Situación 1:
—Vaya, la que todo lo sabe no sabe esto, ¿no?
—No.

Situación 2:
—¿No te das cuenta de que estás siendo muy desagradable? Eres increíble.
—Sí.

Situación 3:
—Te gusta ser la mejor en todo, ¿no? Pues que sepas que no lo eres.
—Quizá.

Técnica de la ironía asertiva

Esta técnica nos sirve para responder de manera positiva a las críticas agresivas o fuera de lugar. Es importantísimo mantener un tono calmado, pero una postura firme. No te muestres agresiva, contesta con humor. El objetivo es no iniciar una discusión, pero señalando que has recibido el mensaje ofensivo. Guarda uno o dos segundos de silencio antes de contestar para que a la otra persona le dé tiempo a escuchar sus palabras.

Situación 1:
—Eres increíble. Pareces tonto.
—Hombre, gracias.

Situación 2:
—Hoy tienes muy mala cara, ¿no?
—¡Vaya! Yo iba a decirte que me encanta cómo hueles.

Situación 3:
—Se te da fatal comunicarte. Cualquiera diría que eres psicóloga.
—Muy amable por tu parte.

¿En qué influye ser asertiva en mis relaciones?

No siempre será posible, pero conocer esta herramienta nos ahorrará mucho tiempo en los conflictos y mejorará la calidad de nuestros vínculos. La responsabilidad afectiva en forma de asertividad requiere esfuerzo, pero aporta grandes recompensas.

Al ser asertivas, nos aseguramos de que el valor fundamental en las relaciones quede intacto, el respeto, tanto con la otra persona como con nosotras mismas. Este hecho libera la conciencia de culpa y noches sin dormir, aunque suponga mantener conversaciones incómodas o hacer un esfuerzo extra. Por otra parte, el hecho de comportarnos de manera justa alimentará nuestra autoestima. Y una autoestima sólida, como hemos visto, enriquece las relaciones.

Comportarnos asertivamente nos brinda la seguridad de que estamos poniendo límites sin abusar de nadie. Con total probabilidad, nos hará menos vulnerables a la dependencia y la manipulación. Además, cuando dejamos de ser agresivas, se nos recompensa con un menor rechazo y un mayor entendimiento, lo que fortalece las conexiones.

ESCUCHA ACTIVA

Si te digo que pienses en alguien que se comunica, es probable que te venga a la mente una persona hablando. No obstante, pocas veces te imaginarás a alguien escuchando. Saber recibir la información es tan importante como saber transmitirla. Prueba de ello es que nos enseñan a leer desde pequeñitas. Aprender a interpretar la información escrita es crucial para entender cómo funciona el mundo y tomar decisiones. Sin embargo, son pocos los esfuerzos del sistema educativo para enseñarnos a escuchar, a pesar de ser esta otra de las formas de recibir información en el proceso comunicativo.

¿Alguna vez has estado hablando con alguien y has notado que esa persona no te prestaba atención?

Imagina que le estás contando a tu amiga el horrible día que has tenido. Ella mira de un lado a otro, contesta a mensajes del móvil mientras habla contigo y no comenta nada de lo que le estás diciendo. Parece que en algún momento ha desconectado, a pesar de que está justo delante de ti, mirándote a la cara. De alguna forma, es como si le estuvieras hablando al aire. Piensas que no te escucha. Te sientes mal.

¿Y al contrario? ¿Alguna vez te han contado algo, pero mientras tanto tu atención estaba a otra cosa y no sabías de qué iba la conversación? Seguramente sí. Y apuesto a que tampoco te sentías muy bien. «¿Qué estaba diciendo?», «¿Ahora qué le digo?», «Uf, no tengo ganas de escucharle, estoy agotada», «*Joé*, mientras pienso en qué decir, me pierdo lo que está diciendo...».

Los motivos por los que a veces nos cuesta escuchar de forma satisfactoria pueden ser varios: falta de interés por el tema, alteraciones emocionales (como la ansiedad), problemas de atención que entorpecen la concentración, dificultades a la hora de comprender el discurso (se desconecta porque no se entiende lo que se está contando) o factores fisiológicos (cansancio, consumo de drogas...), entre otros.

El arte de escuchar es una tarea difícil, y lo es para todas. Absorber la información que expresa la otra persona requiere de la puesta en marcha de diferentes procesos cognitivos, afectivos y conductuales, como la atención sostenida, la empatía, el procesamiento consciente de la información recibida, la elaboración de una respuesta verbal y no verbal, etc. Esto implica que, la mayoría de las veces, cuando queremos escuchar bien, tenemos que esforzarnos voluntariamente a nivel cerebral para poner en marcha todos los procesos mencionados (que implican mucho más que, por ejemplo, mirar a la cara cuando nos hablan). Es decir, tendremos que escuchar y, además, hacerlo de manera activa. Y a esto se le llama «escucha activa».

No es lo mismo oír que escuchar

Vayamos por pasos. Escuchar es lo que haces cuando vas en el coche concentrada en la noticia de la radio. Mandas callar a todo el mundo porque quieres saber qué están diciendo y no perderte un ápice de la conversación. Oír es lo que haces cuando estás conduciendo y la radio está de fondo mientras piensas en la lista de la compra. Escuchar, a diferencia de oír, requiere estar totalmente concentrada en el mensaje. Por eso, en una conversación, escuchar es dirigir la atención al mensaje que intenta comunicar la otra persona.

Pero ¿esto es escuchar activamente? Aún no. Tendremos que aportar algo más a la conversación para pasar de la simple escucha a la escucha activa. Lo conseguimos cuando ponemos nuestra conciencia plena en el diálogo, es decir, cuando nos concentramos en el mensaje, lo reflexionamos y, además, se lo hacemos ver a la otra persona. En esta última parte está la clave de la escucha activa. Puede que alguna vez hayas estado hablando con alguien y hayas sentido que estabas muy enfocada en lo que te decía, pero, de alguna forma, tu comportamiento no reflejaba esa escucha:

—¿Oye, me estás escuchando?

—¡Claro que sí! ¿Por qué piensas que no?

—No sé, porque no dices nada...

—Es que me interesa, por eso estoy callada.

En este ejemplo, a pesar de que la persona está interesada,

muestra un comportamiento incoherente. Plantéatelo. En general, el interés implica acción. Si te interesa algo, te mueves hacia ello, así que, si quieres que se perciba tu interés en una conversación, asegúrate de estar haciendo algo más que guardar silencio todo el rato.

Como ves, escuchar de forma activa implica demostrar que estás recibiendo el mensaje, requiere una participación comunicativa directa. Por el contrario, si no la hay, estaríamos poniendo en marcha la escucha pasiva: recibir información, pero interactuar muy poco con ella. Esta posición puede generar malentendidos y sensaciones desagradables, y no ayuda a mejorar la calidad de las relaciones.

¿Cómo puedo escuchar activamente?

A continuación te mostraré algunas técnicas de escucha activa, pero te recomiendo que no las pongas en marcha todas a la vez ni abuses de una técnica en concreto. Escoge una para practicar y ve naturalizándolas poco a poco. Tratar de usar todas las técnicas al mismo tiempo o machacar una de ellas hará que la conversación sea extraña, poco natural y que pierdas el foco de atención. De hecho, una buena conversación no requiere que estén presentes todas las técnicas.

Técnicas desde el lenguaje verbal

Con estas técnicas mostrarás que intentas entender e interpretar lo que te dicen. Para reflejar este compromiso en la escucha, haz lo que te indico a continuación.

Repetición. Volver a decir algunas palabras del discurso que nos impacten. De este modo, la persona ampliará la historia que está contando en relación con la palabra que se ha repetido. Es una técnica sencilla, pero debemos tener cuidado con el tono del mensaje para evitar que se malinterprete.

Situación 1:
—Es que con él la mayoría de las veces me siento abandonada.
—Abandonada...
—Sí, abandonada, porque...

Situación 2:
—Creo que te quería mostrar mi enfado, pero no supe hacerlo.
—Me querías mostrar tu enfado.
—Sí, quiero decir, quería que supieras que...

Sondeo. Hacer preguntas. Pueden servir para llevar un seguimiento de lo que se está entendiendo, pedir una aclaración o conocer más la historia. De esta forma demostraremos interés a la otra persona y que nos importa entenderla, lo cual nos puede llevar a conversaciones más profundas. Cuidado con hacer demasiadas, tampoco queremos interrumpir. Por otra parte, para que la conversación no parezca forzada, las preguntas por interés han de satisfacer tu curiosidad, deben ser auténticas. Si no sientes curiosidad, no intentes indagar. En ese caso, limita tu interacción a preguntas de seguimiento o aclaratorias.

- **Sondeo de seguimiento:** «Entonces ¿te dijo que no fueras a por el cargador después de la bronca que te echó?». Se utiliza la información de la historia para preguntar. De este modo se comprueba si se ha entendido.
- **Sondeo de aclaración:** «Perdona un segundo, no me queda claro. ¿Qué es una anafilaxia?». Se pregunta sobre información que falta o se desconoce para entender la historia.
- **Sondeo de interés o ampliación del discurso:** «Oye, ¿cómo tuviste la valentía de decirle eso?», «¿Y qué paso?», «¿Y eso?», «¿Por qué?», «¿Para qué?», «¿Quién era?», «¿Cómo explicas todo esto?» «¿Cuándo ocurrió?», «¿Dónde fue?», etc. Se pregunta para demostrar interés y ampliar el diálogo.

Parafraseo. Repetir lo que la persona acaba de decir con tus propias palabras. Son interrupciones cortas que nos ayudan a mostrar que estamos presentes en la conversación. El parafraseo consigue ampliar información, es decir, la persona te dará más detalles sobre lo que has subrayado.

Situación 1:
—Es que la mayoría de las veces me siento desamparada, sin ayuda.
—Te sientes abandonada.
—Sí, abandonada, porque...

Situación 2:
—Y no supe qué hacer, me quedé en blanco. No sé...

—Sí, como que te bloqueaste.

—Sí. Eso es lo que sentí.

Situación 3:

—Estaba confusa, hecha un lío.

—No sabías que hacer.

—Exacto. De hecho, no hice nada.

Situación 4:

—Creo que quería mostrarte mi enfado, pero no supe hacerlo.

—Ya. Estabas enfadada y eso no te ayudó a expresar lo que sentías.

—Eso es. Lo siento.

Palabras de refuerzo. Puntualizar algún aspecto de la historia que enfatice algo positivo. Puede ser una cualidad, un acto bueno o algo que te guste. Pese a que estas frases sean agradables, no hay que abusar de ellas, ya que pueden desviar la conversación o distraer a la persona.

Situación 1:

—Le dije lo que sentía.

—¡Uau! Eres muy valiente.

Situación 2:

—Llamé al sindicato. Deben respetarse nuestros derechos como trabajadoras.

—Desde luego. Me encanta lo comprometida que estás con este tema.

Situación 3:

—A veces me levanto por la mañana y pienso en lo afortunada que soy. Me lleno de energía y así salgo por la puerta cada vez que puedo.

—Tú siempre tan positiva y entusiasta. Me encanta eso de ti.

Resumen. Recapitular la información con tus propias palabras. Un resumen deja claro a quien cuenta la historia que su mensaje se ha entendido y, en caso contrario, le da la oportunidad de aclarar lo que no ha quedado claro o no se ha expresado bien. También podemos resumir cuando creemos que no lo hemos entendido bien. Se puede hacer en cualquier momento de la conversación, no hay que esperar hasta el final.

- «A ver si lo he pillado. Te dijo que no le hablaras más, pero al cabo de una semana ella te volvió a hablar por Instagram, tú le respondiste y, después de una hora charlando, te dijo que la agobiabas».
- «Claro que lo entiendo. Para ti debió de ser complicado irte a otro continente, pasar tres años conociendo a gente que estaba de visita, volver a España y sentir que habías perdido a tus amistades y tu rutina».
- «Para que me quede claro, no quieres comprometerte conmigo ahora, pero no te importaría seguir quedando de vez en cuando».
- «Corrígeme si me equivoco: papá te dijo que yo tenía un problema con Marta, y tú lo hablaste con Marta antes que conmigo. No he entendido muy bien por qué, pero creo que dices que fue por casualidad. ¿Es así?».

Feedback. Ofrecer a la persona una opinión sobre lo que ha dicho. Cuando escuchamos a alguien, podemos formar parte de la conversación o no. Es decir, pueden estar hablando de nosotras y la relación o de algo que les ha pasado en su vida. Si formas parte del tema de conversación, lo normal es dar tu opinión. En caso contrario, antes de dar tu opinión o crítica constructiva, si le preguntas a esa persona si quiere que se la des, te asegurarás el éxito. Sobre todo, cuando aún no la conoces mucho. Dar *feedback* es el paso más evolucionado de la escucha activa porque supone haber entendido toda la conversación y, además, aportar información propia al respecto, a ser posible, de forma asertiva.

Formas parte de la conversación: «Gracias por explicarme cómo te sientes. Ahora me queda claro que te gustaría tener algo más serio conmigo, que estás abierto a eso. Quiero decirte que yo también. Me gusta cómo eres, me siento cómoda y no tendría problema en que fueras mi pareja si seguimos conociéndonos y estamos así de bien».

No formas parte de la conversación:
—Uau, vaya historia. ¿Quieres que te diga lo que pienso?
—Sí.
—Me parece que lo que has vivido es una locura, es..., no sé, agotador. ¿Por qué no te tomas unos días libres? Quizá así te resulte más fácil estar tranquilo en este periodo tan importante para ti.

Técnicas desde el afecto

Para que la escucha activa sea aún más eficiente debemos prestar atención a la esfera emocional, a las emociones que está transmitiendo la otra persona. Así será más fácil comunicar empatía y aceptar su historia. Aceptar no quiere decir que tengas que estar de acuerdo o darle la razón, no tiene que ver con el contenido, sino con el proceso. Se trata de que le invites a compartir su historia tal cual es. De lo contrario, probablemente esa persona limitará su información y temerá expresar sus opiniones y sentimientos por miedo a ser juzgada, lo que entorpecerá el proceso comunicativo. Veamos algunos consejos para escuchar de forma afectiva con éxito.

Estate atenta durante toda la conversación, acéptala tal como es. Es su visión de la historia y merece ser contada. Cuando no aceptamos el discurso de las demás, al instante empezamos a generar respuestas mentales, lo que nos distrae de la conversación y eso aumenta la dificultad de entendimiento. Por su parte, la no aceptación nos lleva a interrumpir o a abandonar el diálogo. Aceptar no significa resignarse. Tendrás tiempo para contestar, y es mejor hacerlo bien. Trata de estar presente, presta atención. Hacerlo te ayudará a saber qué decir.

Aparca las diferencias. Es muy común que tengamos perspectivas, opiniones e ideas diferentes, e incluso del todo opuestas. Trata de apartarlas un momento. No se te olvidarán. En su lugar, intenta ponerte en su piel, tal y como hemos hablado en el apartado de la empatía. Muchas veces las creencias interfieren con la capacidad empática, pero podemos hacerlo de otro modo. Ser empática solo con quien comparte tus creencias no es serlo. En ocasiones, no juzgar es imposible, así que intenta dar un paso atrás cuando lo hagas.

Fíjate en cómo se expresa y en qué sentimiento muestra la otra persona. Presta atención a su lenguaje no verbal, te dará pistas sobre lo que siente la otra persona y podrás estar más acertada en tus intervenciones. Si te cuesta identificar emociones, pregunta cómo se siente. Te permite entender sus razones y puede despertar empatía por su historia. Si te muestras tolerante y empática, la conversación será más fácil de llevar, sobre todo cuando no se está de acuerdo o se intenta pactar. Póntelo fácil.

Validación emocional. Se trata de comunicar que la experiencia emocional que se está viviendo es válida, estemos o no de acuerdo. Más adelante encontrarás un apartado para aprender a validar. Por ahora te enseñaré la técnica del reflejo, ya que se usa mucho en la escucha activa. Esta nos ayuda a hacer ver a la otra persona que estamos entendiendo sus emociones. Un «te entiendo» o «sé cómo te sientes» son eficaces, pero no tanto como prestar atención a los sentimientos que refleja su historia. Esto lo hacemos fijándonos en el lenguaje no verbal cuando las expresa, en las palabras que usa para describir la situación o cómo se siente, etc. El reflejo muestra que la emoción te ha llegado, que eres capaz de ver a esa persona y que, además, la aceptas tal cual es.

Situación 1:

—Puf... —resopla—, es que no sé ni qué decir, lo veo todo negro.

—Te estás agobiando, es normal.

Situación 2:

—¡¡¡Fue la mejor fiesta de mi vida!!! ¡¡¡Te lo juro!!!

—Te veo superfeliz, ¡qué bien, ja, ja!

Situación 3:

—No sé... A veces creo que lo que pasa es tan injusto... Me desmotiva, me deja sin ganas de nada.

—Ya, te noto triste.

Técnicas desde el lenguaje no verbal

Ahora centrémonos en el cuerpo, en el tuyo y en el de la persona que habla. Tendremos que activar comportamientos no verbales de escucha y atender a sus gestos y a su tono para adaptarnos al discurso.

Contacto visual. No debemos mirar fijamente todo el rato ni en ningún momento. Cuando la gente habla, solemos mirarla a los ojos y a la boca. La mayor parte del tiempo, nuestra visión se focaliza en la cara. No te presiones, puedes retirar la mirada. Sucede de forma natural cuando pensamos en nuestra propia historia, cuando estamos recordando algo, cuando lo que nos cuentan es desagradable, etc. Forma parte del proceso comunicativo. El contacto visual suele surgir de manera natural si se está prestando atención a la historia.

Coherencia facial. Si nos están contado algo triste, sonreír no es una opción que responda al contenido expresado. Si vemos que la persona muestra una expresión facial concreta al contar su historia, lo más adecuado es que mostremos una parecida. No se trata de copiar a quien habla, más bien de que nuestra expresión sea acorde al contenido emocional. Ser coherentes con nuestros gestos faciales significará que la información que se está transmitiendo está siendo bien recibida y, además, es una señal no verbal de empatía.

Postura corporal receptiva. Imagínate a alguien moviéndose de un lado a otro de la habitación cuando le hablas o que hace girar una silla mientras le cuentas lo triste que estás. No parece que esté muy concentrada en lo que dices, ¿cierto? La postura que indica escucha es estar un poco inclinada hacia quien habla. Ladear la cabeza también muestra atención si hay coherencia facial (si no la hay, indica aburrimiento). Para activar esta postura, recuerda cómo estaba tu cuerpo en clase cuando querías escuchar atentamente a la profesora. Tu cuerpo se inclinaba hacia la pizarra, focalizabas la mirada allí y hasta cierto punto te mantenías en tensión, sin moverte demasiado. Estabas concentrada. Esta es la dinámica que debes imitar. La postura contraria es la que tenías cuando no querías prestar atención, relajada, con el cuerpo casi escurriéndose de la silla. Esta es la que debes evitar.

Sonorización y señalización. Son los sonidos y gestos no verbales que hacemos durante el discurso y que subrayan que estamos siguiendo la historia.

- **Sonorizaciones:** «ajá», «sí», «ya veo», «puf», «uau», «OK», «sigue», «vale», «uf», «qué fuerte», «mmm», «ja, ja», etc.

- **Señalizaciones:** asentir con la cabeza (en señal de entendimiento), negar con la cabeza (en señal de decepción ante lo que se cuenta), dar palmadas (en señal de sorpresa, alegría), señalar algo o a alguien (cuando responde al contenido), taparse la cara con las manos (en señal de vergüenza ante lo que se cuenta), etc.

Si eres una oyente activa, dejarás de lado el teléfono u otras distracciones. Si alguien o algo interrumpe la conversación, la retomarás y le pedirás a esa persona que siga por donde lo ha dejado. Si te cuesta prestar atención, usarás el contacto físico, pues sabes que tocar suavemente el brazo de la otra persona ayuda a mantener la atención en lo que se está diciendo. Y también sabrás brindar apoyo emocional a nivel físico si se da la ocasión, por ejemplo, con un abrazo. Este es un recurso que usas a menudo porque sabes que el abrazo sirve para acompañar tanto en la tristeza como en la alegría. Como ves, hay otros actos que demuestran escucha y no están categorizados. Tal y como he mencionado al principio de este apartado, no es necesario que pongamos en marcha todas las técnicas. Entender y ser coherente con lo que subyace detrás de ellas será suficiente para lograr una comunicación exitosa.

¿Por qué es importante la escucha activa en mis relaciones?

Escuchar de forma activa es un aprendizaje que requiere tiempo, y aunque hay personas que escuchan así de forma natural (y una de ellas puedes ser tú), no suele ser lo común, sobre todo si existe mucha confianza. Por eso la escucha activa mejora nuestras relaciones interpersonales. Además, practicarla nos ayuda a mejorar todos los procesos que se ponen en marcha, desde la atención hasta la empatía. Saber escuchar activamente afecta a nuestros vínculos de la siguiente manera:

- Rompe con el hábito de las conversaciones superficiales que suelen tenerse de forma automática y distraída.
- Evita errores de comunicación que llevan a malentendidos y a alejarse del mensaje.
- Mejora la habilidad empática, la atención al discurso, el análisis de la información, etc. Nos convertimos en mejores observadoras e intérpretes de las demás, lo cual nos ayudará cuando tengamos que resolver un conflicto. Escuchar de forma activa significa estar pendiente de todos los aspectos del mensaje, incluso de lo que no se dice.
- Permite que la relación se enriquezca, dado que las personas perciben que las están escuchando de verdad. Agradecemos que nos escuchen y queremos pasar tiempo con quienes lo hacen.

VALIDACIÓN EMOCIONAL

Con frecuencia, en consulta me encuentro con situaciones de este estilo: Marina me cuenta que, aunque quiere mucho a su novio y piensa casarse con él, muchas veces se siente incomprendida. Esta es la reproducción de sus comentarios conmigo en terapia:

MARINA: Yo sé que me escucha, pero luego no me dice nada o le quita importancia a lo que estoy diciendo.

QUIQUE: Te juro que quiero ayudar, pero no sé cómo. Intento quitar hierro al asunto, pero es que ni sé qué decir porque siempre acaba enfadándose.

MARINA: Ayer le conté que estaba triste porque mi jefe me había gritado. Me dijo que no hiciera caso a ese idiota y que no podía estar triste por eso, que tengo muchas cosas valiosas en mi vida.

En el ejemplo, Quique intenta quitar hierro al asunto desde su buena intención. Sin embargo, a su novia eso le sienta mal. De alguna manera, es como si él le estuviera diciendo: «No tienes derecho a sentirte así porque tienes otras cosas buenas. Zanjemos esta conversación sobre cómo te sientes». Está claro que no quiere decir eso, pero es el mensaje que le llega a ella, un mensaje donde se juzga su tristeza y no se le da espacio. A esto lo llamamos «invalidación emocional».

La **invalidación emocional** se produce cuando una persona es rechazada, ignorada o juzgada por sentirse de una manera concreta. En nuestras conversaciones es muy normal oír comentarios que nos hacen sentir mal, que minimizan nuestras emociones, que las señalan como incorrectas, las ignoran o no les dan cabida.

Nuestras ideas o creencias, así como nuestros comportamientos, pueden ser más o menos correctos, morales o inmorales, pueden basarse en la realidad o no y, por tanto, pueden juzgarse, aceptarse, cuestionarse, etc. Sin embargo, sentir una emoción, ya sea agradable o desagradable, es siempre real, siempre existe. Ten en cuenta que lo que siente alguien está relacionado con su historia de aprendizaje, es decir, tiene sentido desde su experiencia. Y sentir, sea lo que sea, es algo privado y lícito que no daña a nadie (no es lo mismo lo que hacemos y lo que sentimos).

Reconocer si nos están invalidando emocionalmente

Seguro que alguna vez has invalidado y te han invalidado. Necesitamos reconocer cuándo ocurre tanto para poner límites como para asumir nuestra responsabilidad. Voy a ayudarte a reconocer las formas más comunes de invalidación emocional:

Lo que sientes está mal:

«No deberías enfadarte por eso».

«¿Y por eso lloras? Hay motivos más importantes para estar triste».

«Estás demasiado motivada, ¿no crees?».

Nada de lo que sientes está mal, porque sentir no está mal. Sea la fisiología del enfado o de la alegría la que esté activándose en tu cuerpo, tienes derecho a sentirte de ese modo, porque, además, la mayoría de las veces no podemos controlarlo. Es como si le dijéramos a alguien: «¡No deberías tener tanta sed!», «Estás respirando demasiado fuerte, ¿no crees?», «¿Y por eso sudas? Hay otros momentos más adecuados para sudar».

Lo que sientes no es para tanto:

«¿Estás así porque se te ha muerto el gato? La gente muere en las guerras cada día, Pablo».
«Tú tranquila, que no es nada. Ya se te pasará».
«Oye, no es para tanto, tranquilízate».

Estas invalidaciones suelen producirse porque creemos que nosotras no sentiríamos lo mismo en la situación que nos cuentan y que, por tanto, la otra persona debe de estar exagerando. Decidimos que no es necesario empatizar, juzgamos el sentimiento. Pensar que no me sentiría triste si mi gato se muriese no me da derecho a minimizar que otra persona se sienta así. Quien te invalida no intenta comprender que, desde tu experiencia, con tu historia y valores, es lógico que reacciones de esa forma. Y que, aunque no sea normal, sigue siendo lícito. Las emociones no deben juzgarse como válidas o no en función de criterios de gravedad. Cuando alguien nos dice que lo que sentimos no es para tanto, lo que nos llega es lo siguiente: «Como tu situación no cumple mis criterios para enfadarme, no tienes derecho a ello, es una tontería». Es como si le dijéramos a alguien que no puede quejarse porque solo puede sentir sed si han pasado setenta y dos horas sin beber agua.

Lo que sientes no es verdad:

«Si te quieres suicidar de verdad, lo haces, ¿no? Tan mal no estarás».

«Ayer estuviste todo el día de fiesta y hoy supertriste. No sé...».

«Tan enfadada no estarás cuando ya le has escrito un mensaje».

Lo cierto es que todo lo que sientes es verdad, tu verdad, y solo podrás vivirla tú. Negar los sentimientos de una persona es cometer un enorme acto de invalidación. Sin duda, hay personas que mienten sobre sus sentimientos, pero, en todo caso, nunca podremos saberlo a ciencia cierta. Entonces ¿por qué debo pensar que yo tengo razón cuando hablamos de lo que tú y solo tú experimentas? Si crees que hay una incoherencia entre emoción y acto, ¿no es mejor preguntar con educación que negar el sentimiento de alguien? Además, ¿qué es coherente entre emoción y acción? ¿No es cierto que hay personas que se sienten tristes y van a trabajar todos los días, incluso salen de fiesta? ¿Es esto incoherente o lo juzgo así porque no se adecua a lo que yo experimento cuando estoy triste?

Lo que sientes es malo:

«No puedes seguir triste por tu ex, te vas a poner enferma».

«Los hombres no lloran. Hay que ser fuerte».

«Puf, qué miedo, lo de la ansiedad. No quiero verme como tú nunca, perdería la cabeza».

Como he dicho, las emociones no son buenas ni malas. Pueden ser agradables o desagradables, pero nunca perjudiciales. Las emociones, en todo caso, nos dan información sobre el entorno y sobre nosotras mismas. Por ejemplo, que un sentimiento desagradable sea muy intenso puede indicar que algo no va bien, pero lo peligroso no es la emoción en sí. Por ejemplo, tener mucha sed no es perjudicial, solo indica que necesitamos beber agua desesperadamente. Llorar mucho no es malo, pero quiere decir que tenemos que cambiar algo. Pensar que las emociones pueden hacernos daño si son muy desagradables o si las experimentamos durante mucho tiempo es un argumento sin validez y, además, invalidamos cuando trasmitimos esto.

Lo que sientes me molesta:

«O te calmas o te calmo».
«No voy a hablar contigo si sigues llorando».
«Cuando estás con ansiedad/tan contenta no te soporto».

Muchas veces invalidamos porque no queremos contagiarnos de la emoción que expresa la otra persona. Lo que escuchamos nos provoca una emoción desagradable que no sabemos gestionar (envidia, vergüenza, culpa, tristeza, asco, etc.) o no queremos hacernos cargo de los actos que están dañando al otro. Por eso trabajar en nuestra regulación emocional mejora la calidad de las relaciones.

Lo que sientes en este momento no importa:

«Bueno, ¿y qué? ¿Qué quieres que te diga? No sé qué decir... Que te enfadaste y todo eso, pues muy bien».

«A ver, yo me voy a dormir, puedes seguir ahí llorando si quieres. No me vas a manipular».

«Ah, bueno, eso me pasó a mí también. Mira, te cuento: cuando tuve depresión...».

Lo que sientes importa, y quizá tenga sentido que le importe a la persona con la que mantienes una relación íntima, ya sea tu padre, tu mejor amigo o tu pareja. Si la minimización de lo que sientes es sistemática y siempre roza o traspasa los límites de la humillación, debemos revisar esa relación. Por otra parte, distraerse del discurso e interrumpir es otra forma de mostrar que no nos importa lo que siente la otra persona, aunque no sea nuestra intención. Si no hay escucha activa, es imposible que se dé la validación emocional.

- Juzgo tu comportamiento sin tener en cuenta cómo te sientes: «Pensar que puedes hacer daño a la gente, eso sí que es de locos. Me he puesto nerviosa, pero nunca he pensado eso» (refiriéndose a «hacer daño a la gente»).
- «Me da igual que estés triste. Tienes que salir y punto. No es excusa» (refiriéndose a «quedarse en casa»).

Podemos no estar de acuerdo, podemos no haber tenido la misma experiencia, podemos querer opinar al respecto, etc., pero seguro que existen muchas formas mejores de decir lo que pensamos sin tener que invalidar lo que siente la otra persona, pues es real y legítimo. Lo más probable es que, en el primer ejemplo, Antonio no pueda controlar lo que piensa y que eso le haga sentirse una persona horrible y con mucha más ansiedad. Y quizá Ana, en el segundo, decidió quedarse en casa porque estaba tan triste que sentía su cuerpo apagado. ¿Crees que lo que dijeron ayudó a que se sintieran mejor o a que cambiaran algo? Exacto, todo lo contrario.

Algunos de los ejemplos expuestos reflejan tanto respuestas agresivas como simples comentarios del día a día que hemos normalizado. Muchas veces queremos lo mejor para la persona que nos está contando su historia, queremos que sea feliz, que se anime lo antes posible, y con nuestra mejor intención le decimos algo como «Bueno, tú tranquila, no es para tanto», «No te preocupes, no te agobies por eso», «No llores», o peor, intentamos evadir el tema creyendo que así no se preocupará más. Sin embargo, a pesar de que nuestro propósito puede ser el mejor del mundo, quizá muchos de estos actos estén invalidando emocionalmente a las personas que queremos.

La validación emocional: tus sentimientos son importantes

Volvamos al ejemplo con el que abríamos este apartado. Cuando le expliqué a Quique qué era la invalidación emocional y por qué Marina se sentía incomprendida ante sus comentarios, me respondió: «Entonces ¿qué hago? ¿Darle la razón para que se hunda más? A mí también me cansa verla siempre mal».

Sin duda, dar la razón nos hace sentirnos validadas, pero eso no es validar emocionalmente. La validación emocional es la práctica de aceptación de las emociones sin juzgar, sin aconsejar, sin intentar cambiar nada en ese momento. Cuando lo hacemos, defendemos la importancia de lo que siente la otra persona y lo consideramos legítimo. Demostramos respeto por su experiencia. Al validar, comunicamos que entendemos lo que siente la otra persona en función de su contexto, sin tratar de disuadirla o avergonzarla por esa respuesta. Todo lo contrario, damos espacio para que la exprese, la viva y se sienta acompañada y entendida.

¿Qué hay de ti? Tus sentimientos también son importantes. Sin embargo, puede que estés respetando los ajenos, pero no los tuyos. Cuando te invalidas, puedes llegar a decirte frases como las que aparecen en la siguiente tabla:

Así invalidas lo que sientes	Spoiler
«Perdona por tanta intensidad, soy muy pesada».	No lo eres.
«Seguro que te estoy aburriendo».	Nunca te han dicho que estés aburriendo.
«Bueno, sí, tampoco es para tanto».	Sí lo es. Mereces reconocimiento por tu esfuerzo o habilidad.
«Estoy exagerando».	Quizá no lo estés haciendo si ya te estás excusando.
«Necesito dejar de sentirme así».	No haces daño a nadie por sentirte así, permítetelo.
«No te preocupes, no pasa nada».	Sí pasa, y tienes derecho a comunicarlo.

Relacionarte mejor con tus eventos internos, en este caso con tus emociones, influirá de manera positiva en tus vínculos.

¿Cómo validar emocionalmente?

Primero debemos aprender a aceptar las emociones ajenas y, a continuación, comunicar que estamos aceptándolas. Hay diferentes maneras de demostrar que validamos el comportamiento de alguien:

- **Dar espacio a la emoción.** Lo hacemos cuando, por ejemplo, pedimos que nos cuenten más detalles de la historia a través de indagar en los sentimientos. «¿Por qué crees que estás agobiada?», «¿Y qué pasó cuando te enfadaste?», «Bueno, y cuando te sientes así, ¿qué haces?».
- **Detectar y reflejar la emoción**, como hemos visto en el apartado de la escucha activa. «Ya, ya veo que estás triste», «¡Qué contenta me lo cuentas! ¡Me gusta!», «Estás enfadada, ¿no?».
- **Normalizar la emoción.** «Es normal que te sientas así», «Es lógico lo que estás sintiendo», «Yo hubiera hecho lo mismo».
- **Comunicar a la persona que sus respuestas emocionales tienen sentido y son comprensibles en su situación**, aunque no estemos de acuerdo. «Ya, tiene que ser difícil para ti», «Buf, me cuesta entenderlo, pero me parece lógico que te sientas así. Para ti es muy importante», «Con lo sensible que eres, supongo que esto te supera».

A continuación te propongo algunos ejemplos en los que verás que se validan las emociones básicas. Lo normal es que, al validar, pongamos en marcha diferentes técnicas al mismo tiempo.

Alegría:

—¡Tío, no sabes lo que me ha pasado! ¡Me han ascen-dido en el trabajo y encima me he encontrado veinte euros en la calle!

—¡Hala! ¡Hoy es tu día de suerte! Me alegro de que estés tan contenta. ¡Cuéntame sobre el ascenso!

Aquí localizamos la emoción y la visibilizamos, es decir, la reflejamos. Al invitarle a que cuente más, le damos espacio para que exprese su felicidad.

Tristeza:

—Desde que Lucía me dejó, estoy fatal, todo me pesa. Hoy ni siquiera he ido al cumpleaños de Claudia, y encima también me siento mal por eso.

—Mi vida, es normal estar triste después de lo que has pasado, y también no tener ganas de salir cuando estás triste... ¿Quieres contarme algo más?

Aquí normalizamos la conducta en la que se basa el sentimiento. Además, al preguntar, invitamos a la persona a que siga expresando su tristeza.

Enfado:

—Y encima me dijo que yo tenía que devolver las cajas a su sitio. ¡Encima! ¡Son sus cajas! La gente tiene mucha cara...

—Es para enfadarse, sí. Sobre todo cuando te exigen algo que no te toca...

Aquí damos la razón a esa persona, y eso hace que se sienta validada, por supuesto, pero también resumimos su discurso. Le hacemos saber que no le damos la razón por dársela, que entendemos por qué se siente así.

Estrés:

—Estoy de los nervios. No puedo con el trabajo de fin de grado, no duermo, no como, no sé. Me parece que es el mayor reto de mi vida y no entiendo que haya gente que lo haga en una semana. Creo que debería abandonar y punto.

—Ay... Ya veo que estás muy estresada. No sé si puedo ayudarte en algo, pero quiero que sepas que, si me necesitas, estoy aquí.

Aquí validamos sin dar la razón, pero, al reflejarlo, seguimos comunicando que entendemos la experiencia emocional de esa persona. También ofrecemos ayuda.

Hay momentos en los que nos cuesta validar. Dos de ellos son cuando no hemos pasado por lo mismo o cuando no estamos de acuerdo con algún comportamiento.

Validar lo que no he experimentado:

—Lo paso fatal con la ansiedad, me da miedo hacerle daño a alguien, es como si sintiera que voy a perder el control.

—Supongo que vivir eso tiene que ser muy duro. Me gustaría entenderlo mejor.

Dejamos explícito *a priori* que entendemos el contexto emocional en el que se ha pensado así, a pesar de no entender la experiencia completa. Además, se muestra interés, se pregunta indirectamente.

Validar emociones, aunque no esté de acuerdo:
—Estoy amargado, no voy a salir. Paso.
—Entiendo que estés triste, y sé que lo estás. Me importas, Juan, y creo que, si continúas diciendo que no a todos los planes, te vas a poner peor.
Señalamos que tenemos una opinión contraria sin invalidar su emoción. Antes de darle nuestra opinión, le demostramos que le entendemos y que nos importa lo que está sintiendo.

¿Hay que validar siempre y a todo el mundo?

Todas las emociones son válidas, independientemente de quién las tenga, por una circunstancia o por otra, con una intensidad leve o máxima. Sin embargo, si alguien utiliza lo que está sintiendo para hacer daño o se justifica, la respuesta es no. La excepción más clara es cuando se vulneran los derechos humanos. Por ejemplo:

- No tienes que validar el enfadado de quien te insulta.
- No tienes que validar la rabia de alguien que te golpea a ti o a otra persona.
- No tienes que validar la excitación de alguien que acosa sexualmente.

- No tienes que validar los celos de alguien que es violento con su pareja.

No tenemos que validar las emociones que provocan actos intolerantes, injustos, violentos, agresivos, etc.

Tampoco tenemos por qué validar a alguien que nos ha herido en el pasado, a pesar de que podamos entender la emoción y las circunstancias que tenía esa persona en ese momento. Muchas veces tendemos a justificar las acciones ajenas basándonos en sus sentimientos, a pesar de que no son justas. Por eso es muy importante comprobar siempre si se traspasan los límites.

Durante un año trabajé en una asociación de mujeres supervivientes a la violencia de género. Siempre escuchaba frases de este estilo: «Entiendo que se enfadara conmigo, se puso de los nervios y se le fue la mano, pero ya no lo hará más». Acciones como estas son intolerables y no debemos justificarlas ni validarlas.

Para entender mejor todas estas excepciones, debes saber que se fundamentan en la paradoja de tolerancia descrita por el filósofo austriaco Karl Popper. Esta afirma lo siguiente: «Si una sociedad es ilimitadamente tolerante, su capacidad de ser tolerante finalmente será reducida o destruida por los intolerantes».* Popper concluyó que, aunque parece paradójico, para mantener una sociedad tolerante, la sociedad tiene que ser intolerante con la intolerancia. Por lo tanto, podemos invalidar las emociones que se basan en actos intolerantes.

* Popper, 1966.

Por último, y aunque parezca obvio, no tienes que validar a alguien si no quieres. Validar no es una imposición. Es una técnica de comunicación que se recomienda para el abordaje emocional exitoso. Tú decides si quieres ponerla en marcha o no.

Yo valido, pero me agota

Muchas veces sentimos que validar nos agota porque confundimos el objetivo de la validación. Pensamos que tenemos que hacerlo para calmar a la otra personas o para que se queje menos. Validar es una experiencia de aceptación, pero no de involucrarse en los problemas ajenos si no nos pertenecen. No tienes que hacer que la emoción de quien habla reduzca su intensidad o sea más agradable. Puedes reconocer y validar las emociones para que la otra persona se sienta comprendida y respetada, pero es esta la que debe regular sus emociones. A no ser que estés involucrada en su problema, pues en ese caso sí que tendrás responsabilidad.

¿Por qué validar es importante en mis relaciones?

La invalidación emocional puede crear resentimientos y coartar las acciones de una persona, de modo que impacta negativamente en aspectos como la autoestima, la gestión emocional, la interacción social, etc. Tenemos muy buenas razones para practicar la validación y considerarla importante para el bien de nuestros vínculos:

- Fomenta el crecimiento de la intimidad, de la unión. Siempre lo veo en terapia, tanto en las relaciones con mis clientes como en sus propias relaciones.
- Construye confianza, reduce la sensación de aislamiento y alienta a la persona a que experimente y acepte sus emociones.
- Es una herramienta de comunicación esencial y un canal extraordinario para expresar amor y aceptación en el seno de nuestros vínculos.
- Ayuda a detectar por qué nos hemos sentido mal en una conversación. Nos permite pedir un cambio.
- Fomenta nuestro autocuidado, ya que practicarla nos puede ayudar a validarnos a nosotras mismas.
- Es un nutriente básico en la crianza, es crucial en el correcto desarrollo afectivo de los infantes y adolescentes.

OTRAS FORMAS DE GENERAR INTIMIDAD

Al contrario de lo que se piensa, la intimidad no es un concepto reservado solo a las parejas, y mucho menos tiene que ver con el acto sexual, con lo físico. Cuando hablamos de ella, nos referimos a la conexión única que se genera en una relación entre dos personas. Tenerla con alguien supone sentirnos cerca, dejar la puerta abierta, ser en todo nuestro espectro, desde vulnerables hasta poderosas. Nos dejamos ver con lo que somos y con lo que nos acompaña: éxitos y errores, luces y sombras. Compartir nuestra realidad con alguien y que alguien comparta su realidad con nosotras es señal de que la relación es íntima y de calidad.

Cuando la intimidad está bien construida, el miedo
a exponerse disminuye, porque lo permite
la aceptación de lo que la otra persona es.
No hay máscaras: la intimidad, en la más
profunda de sus formas, es el acto de quitárselas
delante de la otra persona. Es descubrirse
en un lugar seguro.

Imagina: dos personas se conocen, se admiran, realizan muchas actividades juntas, quieren saber mucho la una de la otra, se recuerdan lo maravillosas que son, conocen los malos momentos de la otra, se escuchan cuando están bien o mal y suelen tener contacto físico.

¿Estás pensando en una pareja? Si es así, ¿podrías imaginar que esas dos personas son amigas? ¿Y familiares? Estoy segura de que sí. Las relaciones íntimas pueden mantenerse con cualquier persona, no necesariamente implican amor romántico, sino una buena calidad en las interacciones dentro del vínculo. Esta buena calidad está llena de aceptación y cuidados mutuos, de sinceridad y confianza. Y todo desde la base de la admiración, la reciprocidad y el respeto.

Mantener relaciones íntimas con muchas personas requiere un gran compromiso y sacrificio. No todas nuestras relaciones pueden ser extraordinarias. Y no porque nuestro amor sea limitado, sino porque nuestro tiempo lo es. Al principio del libro veíamos los mínimos que debe tener una relación del tipo que sea. Si además quieres construir una relación muy íntima y sana, tendrás que usar gran parte de las estrategias que hemos visto hasta ahora (escucha activa, validación, asertividad, etc.) y asegurarte de que lo que ocurre en la relación sea valioso. Como ves, la intimidad supone bastante esfuerzo comprometido. **Elige bien con quién hacer ese trabajo consciente y aprecia a las personas que lo hagan contigo.**

Pero para que no lo veas como un trabajo arduo y pesado, siempre pienso que hacemos un montón de cosas que están bien y que la mayor parte del tiempo funcionan. Sin embargo, no siempre somos conscientes de qué es lo que funciona de todo lo que hacemos. Seguro que tienes relaciones de calidad en las que sientes que no te esfuerzas. Hay personas que se comunican de una forma maravillosa sin que nadie les haya enseñado y, aunque sientan que no les cuesta, eso no niega que ese comportamiento ayude a que la relación se mantenga a flote. Si es tu caso, evalúa las relaciones que funcionan en tu vida y piensa en lo que hacéis de forma natural para que la relación se mantenga en ese nivel; no siempre tiene que ser una estupenda comunicación lo que la mantenga, puede haber otras cosas buenas. Es decir, sé tu propia detective de lo bueno. Encuéntralo, repítelo y expándelo.

Si te cuesta generar intimidad, aquí encontrarás varias claves que pueden ayudarte a construir tanto desde cero como desde otro punto de partida. Piensa en ellas aplicadas a cualquier tipo de relación. Si ya tienes relaciones sólidas en este sentido, la siguiente información te servirá para detectar lo que haces bien y repetirlo, o para encontrar las claves que te ayuden a mantenerlo y a mejorarlo.

El tiempo de calidad

¡Ay, el tiempo! Cómo sentimos que nos falta y cuán importante es en las relaciones. Muchas me preguntan en consulta: «¿Tenemos que pasar mucho tiempo juntos para construir intimidad?».

Yo les digo que no, pero que tampoco es posible construirla con alguien con quien no pasamos tiempo.

—¿Entonces? —me dicen.

—La clave está en el tiempo de calidad.

—¿Y qué es el tiempo de calidad?

La definición del tiempo de calidad depende de la persona. Por ejemplo, para una madre y un hijo, cocinar juntos podría ser tiempo de calidad, pero para otras familias esto entra dentro de una rutina y no supone un añadido a la relación. Tampoco se define en actividades concretas, no tiene por qué ser mejor hacer puenting con alguien que quieres que ir a tomarte un café con tu amiga; desde luego, una es más emocionante que la otra, pero no implica tener más o menos nivel de intimidad. Pasar tiempo de calidad tiene que ver con la atención.

Imagina que vas un día a hacer puenting con tu amiga. Tienes muchas ganas porque lo lleváis planeando desde hace tiempo, en especial porque a ti te hace mucha ilusión. Por la mañana, le escribes entusiasmada. Ha llegado el día, estás muy contenta y le dices que irás a recogerla. Ella, sin embargo, no muestra entusiasmo. Más bien parece que le toca ir y que te está haciendo un favor. Tú no das mucha importancia a su actitud desganada y continúas pensando en lo bien que lo vais a pasar. Se monta en el coche, te da un beso con apatía y coge el móvil. Intentas hablar con ella de lo que va a pasar y de lo nerviosa que estás. Ella, sin dejar de mirar la pantalla, te va contestando vagamente y en un momento dado empieza a hablar del problema que tuvo el día anterior con su pareja y de los cotilleos de clase. Sientes que no te ha escuchado y que solo habla de ella, pero intentas pensar en positivo y centrarte en que vais a vivir esta experiencia juntas. Llega el momento de colocaros el arnés. De vez en cuando comenta cómo se siente, pero a ti no te pregunta. El resto del tiempo se dedica a hacerse fotos con la indumentaria puesta y alguna contigo. Ella va primero. La emoción la invade. Grita y se lanza. Mientras, el equipo hace sus últimas comprobaciones contigo. Desde arriba, ves cómo llega al fondo, te alegras y la saludas. Estás a punto de lanzarte, y ves que tu amiga comienza a hablar con la instructora que está abajo. Ni siquiera está pendiente de tu salto. Te lanzas. Subidón de adrenalina. Sin embargo, cuando llegas al suelo, tu amiga te dice: «Ay, tía, te he visto por los pelos. Estaba hablando con esta y me he distraído».

¿Ves el papel de la atención en esta historia? Aunque la actividad pudiera ser increíble, la amiga no estaba presente en ese momento y eso hizo que la experiencia fuera agridulce. La atención en nuestro tiempo es tan poderosa que puede convertir la actividad más extraordinaria en una experiencia mediocre. Por ello, independientemente de lo que hagamos en nuestras relaciones, gran parte de la responsabilidad de que nuestro tiempo sea bueno tiene que ver con la actitud que mantenemos con la persona en ese tiempo, con la concentración y dedicación que prestemos a la interacción. Y por eso no importa tanto que sean treinta minutos o siete horas lo que compartamos, más bien lo relevante es tener momentos donde se esté presente.

Para que nos quede claro e identifiquemos cuándo tenemos que cambiar la situación, veamos unos ejemplos sobre lo que NO es tener tiempo de calidad al estar con una persona:

- **Estar mirando el móvil.** Las pantallas nos roban el tiempo y la atención que podemos dedicar a nuestros seres queridos. Este acto suele ser muy molesto para la otra persona, sobre todo cuando es continuo e interrumpe las actividades que hacéis juntas.
- **No atender a la conversación.** Puedes no tener una pantalla delante y aun así no atender a la persona. Seguro que has experimentado lo mal que sienta hablar a alguien que desvía la mirada y que no te da *feedback* de la charla. Es como si hablaras sola. El tiempo de calidad requiere, como mínimo, mirar a las personas cuando hablamos con ellas.
- **Tener la cabeza en otros asuntos.** La interacción suele ser pobre cuando no dejamos de pensar en lo que no está ocurriendo en el momento actual. Si estamos con alguien físicamente, pero no de manera atencional, resulta casi imposible mantener una conversación productiva o hacer algo sin que una de las partes empiece a sentirse sola o incómoda. Es inevitable pensar en otras cosas, pero es muy distinto dedicarle a ello dos minutos que toda la tarde.
- **Pensar o sentir algo importante y no verbalizarlo.** Una de las situaciones que enturbia el tiempo de calidad es aquella en la que sentimos que la otra persona tiene

algo pendiente con nosotras, pero no nos lo comunica, ya sea un sentimiento que aparezca en ese momento o venga de lejos. Algo pasa, pero no sabemos qué es. Parece que todo está bien, pero se comporta distinto y sientes que ya no es lo mismo. Esto genera una tensión incómoda que no permite disfrutar del momento.

- **Hablar solo de una misma.** Es cierto que hay momentos y momentos. A veces no tenemos mucho que decir y nos encanta escuchar. En ocasiones somos nosotras las que tenemos que contar una historia tan larga que duraría siglos. No se trata de equilibrar la conversación, sino de tener el detalle de decirle a la otra persona: «Oye, llevo mucho tiempo hablando yo. Cuéntame tú».
- **Tener solo en cuenta lo que quiere una persona.** En la misma línea, es inevitable pasarlo mal si estamos con alguien que no respeta lo que queremos, que no lo tiene en cuenta.
- **Ser siempre una la que comunica.** En otras palabras, que siempre la misma persona «tire del carro». Si en el tiempo que pasas con alguien siempre eres tú la que saca la conversación, pregunta, se interesa... y no percibes reciprocidad, la interacción puede ser agotadora.
- **Hacer una actividad y que no exista interacción.** Más bien parece que estamos matando el tiempo, no disfrutándolo. Esto ocurre mucho en ciertos momentos familiares: almorzamos juntos, pero nadie habla; vemos una película, pero nadie la comenta. Estamos físicamente presentes, pero ausentes a nivel emocional. Son muchas las amistades que pierden intimidad porque terminan haciendo planes en grupo o de un carácter más re-

creativo (como salir de fiesta) incompatibles con tener momentos en los que ponerse al día de forma íntima. Muchas personas consideran que no pasan tiempo de calidad cuando realizan una actividad con un grupo ajeno y la persona que las invita no hace que se sientan integradas, no se comunica con ellas o reduce la interacción al mínimo.

- **Delimitar el tiempo juntas o compartirlo con otras tareas.** Esto ocurre, por ejemplo, cuando te dedican las últimas horas o los últimos minutos del día, cuando hacen otras tareas mientras hablan contigo o todo lo que hacéis tiene que ser rápido porque hay más que hacer (descansar, comer, trabajar). De esta manera, el tiempo se convierte en algo intrascendente. «Bueno, una quedada rápida, que hay que irse a dormir», «Un almuerzo y listo, que hay que trabajar». Es cierto que a veces no necesitamos dos horas para que un encuentro sea de calidad, pero, si estamos pensando en la tarea que tenemos que hacer a continuación o en lo que no estamos haciendo, la cita parecerá más algo con lo que hay que cumplir en vez de un momento para disfrutar.
- **Estar sin querer estar.** Se parece al punto anterior, pero se le añade que la persona no quiere estar ahí. No es cuestión de que tenga algo que hacer y que por eso no pueda concentrarse en el momento, sino que ha acudido a un sitio con la cabeza en otro, e incluso a veces presume de lo que viene después. Cuando te fuerzas por estar en un sitio en el que no quieres estar, ¿cómo puede ser tiempo de calidad? Ni para ti ni para la persona que tienes delante.

- **No tener contacto físico.** El contacto físico es más importante de lo que parece. Pensemos en los momentos más duros de la pandemia: nos encontrábamos con alguien a quien queríamos, pero no nos dábamos la mano, no nos abrazábamos ni nos despedíamos con un par de besos. Directamente a tomar un café. Y en la despedida lo mismo: ni mano, ni abrazo, ni besos. Para la mayoría de la gente esta situación era un tanto incómoda, incluso dolorosa. En nuestra cultura, muchas personas necesitan un mínimo de contacto físico para vivir la experiencia con calidad afectiva.

Para crear relaciones de intimidad es imprescindible invertir tiempo, planificar encuentros de calidad y hacer lo posible para crear un espacio dedicado a la relación. En la familia y en la pareja es habitual no tenerlos o perderlos. Al ser relaciones con las que pasamos más tiempo, se nos olvida que el rato que estamos en casa cada una dedicándose a sus quehaceres no suele ser tiempo de calidad. Debemos reservar intervalos en que nuestra atención solo esté en la otra persona, en que la prioridad sea la relación, nada más. Planificar momentos de comunicación y entrega es fundamental para mantener las relaciones íntimas. Recuerda que no todo tiene que salir de forma espontánea.

Vivir experiencias nuevas

Una forma de conocer a una persona o reconocerla es vivir experiencias nuevas juntas, y no tienen por qué ser extraordinarias. Tener una conversación sobre un momento doloroso del pasado puede ser también una situación distinta.

Cada persona tiene una memoria colectiva con otra, los recuerdos de los momentos que han vivido juntas.

Alimentar la memoria colectiva con escenarios nuevos nos ofrece la oportunidad de incrementar la intimidad de la relación, siempre y cuando sepamos exprimirlos.

Cuando se viven experiencias, se abre la puerta a aprender otros aspectos de la persona, de la relación y de nosotras mismas. Salir de la rutina nos proporciona nueva información, nuevos temas de los que hablar, y eso hace que nos enfrentemos a una experiencia continua de aceptación incondicional.

Mostrar aprecio

Si algo caracteriza a mis amistades es este punto. Por suerte, tengo a mi lado personas maravillosas que manifiestan admiración y celebran mis logros. Yo también las admiro, y me hace feliz todo lo que consiguen. Es algo que creemos fundamental y que hacemos con frecuencia. ¿Cómo podemos mostrar aprecio?

Agradece. Plantéate qué hace o ha hecho esa persona por ti. Piensa en tu madre, en tu mejor amiga, en tu última pareja sexoafectiva. ¿Qué es lo que te hace sentir agradecida? ¿Se lo dices a menudo? ¿Alguna vez? Trabajar en la conciencia de lo que hacen por nosotras quienes nos rodean facilita que no estemos a la defensiva. En su lugar, alimenta el acercamiento. Demuestra que valoras lo que las demás dan por ti.

Habla de sus cualidades positivas. No hace falta que le digas cómo piensas que es la otra persona. En cualquier charla puedes puntualizar lo que te gusta de tu familiar, amistad o pareja, ya sea en privado o en grupo. «Tú siempre tan cariñosa»; «Qué risa, mamá, me encanta lo divertida que eres»; «Pues igual que Claudia, que es una artista y se le da genial la pintura, ¿a que sí?». Describir a quienes queremos y destacar sus cualidades positivas, valores o gustos enriquece la relación, porque el reconocimiento es esencial para el bienestar del ser humano, tal y como lo remarca la ética feminista y algunos filósofos como Axel Honneth.*

Celebra. Aplaude el éxito, el logro o la meta conseguida por tu madre, tu amiga, tu hermana, tu novia... Celebra y reconoce su esfuerzo, trabajo, dedicación, motivación, constancia... Haz saber a esa persona que es válida, que la ves, que estás orgullosa de ella. Siempre es un buen momento para expresar lo mucho que apreciamos a alguien. No hay fecha de caducidad para recibir un halago, es algo bonito que le hacemos sentir. Y que venga de alguien que te importa es muy poderoso. Aunque nos sorprenda, celebrar los éxitos en una relación tiene un efecto más positivo que apoyar a la persona en los momentos difíciles.

* Boxó Cifuentes *et al.*, 2013.

Celebrar juntos es un privilegio, es tener un lugar en la memoria de alguien, a veces, en uno de los recuerdos más importantes de su vida. ¿Cómo no va a ser eso íntimo?

Ser vulnerable

Una de las actitudes que más nos separan de las demás es que no nos permitimos ser vulnerables. Una relación no puede ser sincera e íntima si no nos mostramos a la otra persona. La intimidad requiere vulnerabilidad.

Somos seres interdependientes, nos necesitamos. Pensar «Si cuento mis problemas, dependeré de las demás», «Seré una carga» o «Si me muestro vulnerable, me harán daño» son algunas de las creencias que nos limitan y no nos permiten comprobar que no pasa nada por mostrarnos vulnerables. Aunque nos cueste reconocerlo, somos seres sociales que dependemos de los demás. Necesitamos contacto y cuidados. Aristóteles decía que la clave para una buena vida era la acción y la relación con la gente.* Cientos de años después, la ciencia de la conducta no ha hecho más que confirmarlo. La interdependencia —es decir, los cuidados mutuos— es necesaria e importante en las relaciones, y esta se da sobre todo cuando nos mostramos vulnerables. Querer vivir bajo la imagen de «Yo sola puedo con todo» es el ingrediente perfecto para la insatisfacción relacional.

* Para saber más, te recomiendo que leas las obras *Política* y *Ética a Nicómaco* de Aristóteles. Obvia y contextualiza las partes en que se clasifica a las mujeres como seres inferiores.

Hablar de miedos, inseguridades, problemas del pasado; mostrarnos erráticas, rotas, dolidas, enfadadas; descubrirnos equivocadas, arrepentidas... Todas estas facetas son partes de nuestro ser que muchas veces escondemos por miedo a la reacción del resto. Y este miedo, aunque común y compartido, suele ser irracional.

Ocultar lo vulnerable es mostrar solo una parte de la realidad, es no ser transparente con tu vínculo, y esto limita mucho la intimidad, sobre todo porque en la mayoría de las ocasiones la otra persona tendrá más dificultades para abrirse si esto no es recíproco. Además, mostrarnos tal y como somos nos permite conocernos. No nos comportamos igual solas que acompañadas, ni somos las mismas cuando compartimos nuestro dolor que en soledad.

El abismo de conocerse pasa
por el sufrimiento de dejarse ver.

Que temas esto es normal, nadie nos prepara para generar intimidad. Tómate tu tiempo, ve poco a poco. Para que te sea más fácil, empieza con aquellas personas con las que te sientas segura, con las que te validan y escuchan de forma activa, las que te respetan y te cuidan. Puedes comenzar comentando algo de tu pasado o de tu presente que te duela o te haga sentir mal. Verás qué bien sienta notar que te aceptan incluso cuando hablas de temas dolorosos.

Cuando te muestres vulnerable, tendrás personas a tu lado que te confronten. Si lo hacen desde el respeto y la validación, la crítica constructiva puede ser una oportunidad para el cambio. A veces no lo recibimos de la mejor manera: nuestras defensas se activan cuando nos señalan algo que creen que no hacemos bien o que podemos mejorar, pero muchos de estos comentarios son útiles. Las mejores lecciones de cambio me las ha dado la gente que más quiero, las personas que me conocen mejor, la gente que es capaz de verme cuando no me veo, en momentos que necesitaba reconocer lo que no estaba bien o no hacía bien. Si la relación es respetuosa y se cuida a la persona, la confrontación puede ser un valioso instrumento que nos permita madurar.

Los tres fundamentales

Como estamos viendo, existen infinitas formas de generar intimidad en nuestras conexiones. Cuando nos comunicamos de forma asertiva, cuando validamos, cuando somos empáticas, etc., tratamos nuestra relación con respeto, y eso tiene un impacto positivo en su calidad. Sin embargo, todo eso tiene que ver con los procesos que ayudan a construirla, pero ¿qué hay del contenido? Es decir, ¿qué podemos decir o hacer de forma asertiva, empática, validante... para que nuestra relación sea más estrecha?

Para contestar a la preguntar anterior y facilitarnos el conectar con las demás, podemos clasificar los diferentes niveles de conexión

1. **Nivel emocional:**
   - Observa cómo se expresa. Haz el ejercicio de conocer sus expresiones cuando está enfadada, triste, decepcio-

nada, alegre. Te ayudará a identificar cómo se siente y a hablar sobre ello.

- Indaga en los sentimientos que la acompañan en su día a día.
- Averigua qué es importante para ella en este momento de su vida o en otros.
- Transmite qué significa para ti la intimidad. Pregúntale qué significa para ella.
- Comparte tus miedos, inseguridades y problemas actuales o del pasado. Invita a que ella los comparta contigo.
- Comentad vuestros sueños y metas.
- Recuerda que debes escuchar para comprender cómo se siente, no solo para responder.
- Muestra interés y curiosidad cuando se abra contigo. Escucha activamente y valida sus sentimientos.

2. **Nivel intelectual:**
   - Averigua su ideología y comunica la tuya. Puedes preguntarle qué opina acerca de asuntos como el feminismo, la ecología, el maltrato animal, la religión, los derechos LGTBI+, la economía o cualquier otro tema de actualidad.
   - También puedes indagar en su *expertise*, en aquello que se le da bien. Mostrar interés en este aspecto tiene un plus: aprendes sobre un tema mientras le das reconocimiento por preguntárselo.
   - No temas lanzar preguntas o tener debates sobre algo que no conozcáis mucho. A veces, nuestras ideas sobre la vida se fraguan en una conversación.

- Si no estás de acuerdo, contraargumenta con respeto, de forma asertiva. Nada de «Es que tú no tienes ni idea».
- Verbaliza en qué estás de acuerdo. Esto os unirá.
- Escucha con paciencia, reflexiónalo y responde después. Déjale hablar el tiempo necesario. Esto muestra respeto.
- Recuerda que las personas cambian de idea y tienen derecho a hacerlo. Trabajar a nivel intelectual nos permite ir conociendo su progreso ideológico.

3. **Nivel físico:**
   - Aunque una mirada no se considera contacto físico como tal, hace sentir cercana a la persona. Mira a la cara cuando te hablen.
   - Si accede, puedes peinarla. Es un acto relajante que refleja mucha intimidad.
   - Ofrécete para darle un masaje.
   - Hazle cosquillas o tócale el pelo, pero siempre que te lo pidan o te lo permitan.
   - Abraza más, no solo en forma de saludo, y que sea un abrazo largo.
   - Dale la mano o cógela el brazo al andar.
   - Comparte la manta en el sofá.

Estos son ejemplos de esferas en que puede fraguarse la calidad afectiva. Para que reflexiones sobre tus niveles, aquí te dejo algunas preguntas:

¿Qué otros niveles se te ocurren?

¿Qué características tienen tus relaciones más fuertes?

¿Qué niveles son más importantes para ti o en cuáles te sientes más cómoda?

¿Cuáles crees que lo son para la otra persona?

¿De qué hablamos?

«A veces me cuesta entablar una conversación porque ni siquiera sé de qué hablar. Aunque sea mi mejor amigo, una persona desconocida o mi padre, me resulta difícil saber qué preguntar».

Antes de comenzar este apartado, es importante aclarar que mantener conversaciones profundas no es algo que sí o sí tenga que darse entre dos personas para que todo vaya bien. De hecho, las charlas de asuntos corrientes y banales son importantes. Nos ayudan mucho a distraernos, divertirnos y conocer a la otra persona. No hay una conversación que necesariamente sea mejor que otra, así que, por favor, no te fuerces a mantener diálogos intensos con tus vínculos, porque la intimidad, como estamos viendo, se construye desde diferentes puntos, y no has de tocarlos todos a la vez o todo el tiempo. Dicho esto, ahora veremos ejemplos de preguntas o temas de conversación que podemos iniciar para ir construyendo relaciones íntimas. Iremos de lo más sencillo a lo más complejo.

FORD

Estas siglas en inglés corresponden a *family, ocupation, recreations* y *dreams* [familia, empleo, ocio y sueños]. Esta estrategia nos sirve tanto para conocer a alguien como para actualizarnos con alguien que ya conocemos:

- *Family* (**familia**): «Oye, ¿tienes hermanas o hermanos?», «¿Cómo está tu marido?».
- *Ocupation* (**empleo**): «¿A qué te dedicas?», «¿En qué consiste eso de la aeronáutica? Explícame».
- *Recreations* (**ocio**): «¿Qué te gusta hacer en tu tiempo libre?», «¿Cómo quedasteis ayer en el pádel?».
- *Dreams* (**sueños**): «¿Cómo te gustaría verte dentro de unos años?», «¿Qué esperas conseguir en el trabajo?».

Las treinta y seis preguntas

«Quizá lo que me interese sean preguntas más existenciales, más profundas. Suelo preguntarles cosas de ese estilo».

En este apartado te ofreceré una base de cuestiones más elaboradas para que puedas usarlas con quien quieras en cualquier momento. En 1997, en el Laboratorio de Relaciones Humanas de la Universidad de Stony Brook, en Nueva York, el psicólogo social Arthur Aron y sus colaboradores estudiaron formas de estrechar la conexión entre dos personas en un entorno experimental, tanto si se conocían como si no. Para ello, crearon una lista de preguntas y los resultados fueron muy positivos, tanto que en algunos casos hubo matrimonios participando en el estudio. Algunas personas las llaman las «Treinta y seis preguntas para enamorarse», pero sus autores han dicho en repetidas ocasiones que ayudan a estrechar cualquier tipo de vínculo. Úsalas con quien quieras. Y, por supuesto, respóndelas tú también. Aquí encontrarás las diez primeras, pero te dejo lista completa de Arthur Aron en el anexo 6.

1. Si pudieras elegir a cualquier persona del mundo, ¿a quién invitarías a cenar hoy?
2. ¿Te gustaría ser famosa? ¿Cómo?
3. Antes de hacer una llamada telefónica, ¿ensayas lo que vas a decir? ¿Por qué?
4. ¿Cómo sería tu día perfecto?
5. ¿Cuándo fue la última vez que cantaste a solas? ¿Y para alguien?
6. ¿Cuál de las dos opciones escogerías? ¿Vivir hasta los cien años o tener la mente y el cuerpo de alguien de treinta para siempre?
7. ¿Tienes una corazonada acerca de cómo morirás? ¿Cuál?
8. ¿Qué tres cosas crees que tenemos en común?
9. ¿Por qué aspecto de tu vida sientes más agradecida?
10. Si pudieras cambiar algo de cómo te educaron, ¿qué sería?

Indagar en la relación

No es raro que ya hayas planteado a tus personas más íntimas muchas de las cuestiones de Aron. Al ser humano le encanta curiosear. Sin embargo, indagar y ser curiosas sobre nuestra propia relación es más complicado. Por lo general, nos da miedo o vergüenza hablar del vínculo que mantenemos con alguien. He elaborado otra serie de preguntas centradas en la propia relación. Considero que algunas pueden generar conversaciones muy sinceras. De nuevo, intenta usarlas en cualquier vínculo, ya sea de amistad, familiar o sexoafectivo. Y siempre, siempre, que sea recíproco: comenta tu percepción o devuelve la pregunta.

1. Si pudieras planear la quedada perfecta conmigo, ¿qué incluiría?
2. ¿Qué fue lo primero que te gustó de mí?
3. ¿Cuáles son las tres cualidades que admiras de mí?
4. ¿Qué es lo que más te gusta de nuestra relación?
5. ¿Cuál es uno de tus mejores recuerdos conmigo?
6. ¿Cuándo fue la última vez que te hice sentir muy querida?
7. ¿Cuándo fue la última vez que herí tus sentimientos y preferiste no decírmelo?
8. ¿Sobre qué te habría gustado que yo me hubiera abierto más?
9. ¿Hay algo que te gustaría hacer conmigo?
10. Últimamente, ¿cuál es la emoción que más sientes al estar conmigo?
11. En todo este tiempo, ¿crees que te he hecho crecer o cambiar?
12. ¿Te arrepientes de algo en nuestra historia?
13. ¿Hay un límite que sobrepaso y que todavía no me hayas dicho?
14. ¿Qué necesitas de mí cuando te enfadas? ¿Y cuando estás triste?
15. Después de una discusión, ¿cómo puedo ayudar a que te sientas mejor?
16. ¿Cuál es la mejor manera de pedirte perdón?

17. ¿Cuándo te has sentido vulnerable conmigo?
18. ¿Cuál es nuestro momento más embarazoso?
19. ¿Cómo te sentiste después de conocerme? (Para familiares: ¿cuál es tu primer recuerdo conmigo? ¿Recuerdas qué sentías?).
20. ¿Cuál crees que es nuestra dinámica?
21. ¿Cómo describirías nuestra relación a una persona desconocida?
22. ¿Qué te gustaría que valorase más de ti?
23. ¿Cuál de mis últimos comportamientos te ha hecho sentir bien?
24. Según tú, ¿qué señales indican que nuestra relación funciona?
25. ¿Hay algo que quieras decirme y que aún no me hayas dicho?

Las constantes

«Todos los días no pueden plantearse preguntas existenciales. ¿Qué puedo hacer para mantener la intimidad y la conexión sin tener ese tipo de charlas?».

Es cierto, la conexión no se construye a partir de preguntas mágicas. El interés por saber más de la otra persona en diferentes aspectos es crucial para estrechar el lazo, pero también hay otros actos que mantienen a flote la relación íntima. Veamos ejemplos de acciones cotidianas que ayudan a que no se rompa la intimidad con las personas que queremos (muchas ya las hemos ido viendo a lo largo del libro).

- Acompáñalas y ayúdalas en sus tareas domésticas o diarias (no hablo de las que tienes asignadas por convivir en una casa).
- Practica la paciencia tanto a la hora de esperar a alguien para ver un capítulo de la serie a la que estáis enganchadas como para que alguien se abra contigo.
- Respeta sus tiempos. Cuando otorgamos espacio, no lo echamos en cara.
- Que no te pueda la pereza, idea nuevas actividades. Compartir la rutina es importante, pero las experiencias originales ofrecen otra calidad relacional.
- Pregunta más a menudo cómo ha ido el día. Sin embargo, lo fundamental es dar *feedback*: presta atención y reacciona a lo que te cuentan.
- Guarda siempre sus secretos, sé leal. Si alguna vez fallas, díselo.
- Describe de forma positiva en momentos cotidianos: «Eres tan ordenado, me encanta».
- Permítete ser vulnerable y da espacio para que las demás personas lo sean.
- Crea oportunidades para la intimidad. Encuentra tiempo para conectar a nivel físico, intelectual o emocional.
- Habla abiertamente sobre tus sentimientos y lo que necesitas de la relación. Invítalas a que lo hagan contigo.
- No intentes cambiar a nadie, pero sé sincera si piensas que algo va mal.
- Recuérdales cuáles de sus comportamientos te hacen sentir orgullosa.
- Utiliza el plural. Eso genera sensación de equipo: «Lo averiguaremos juntas».

- Aprende a calmarlas en momentos difíciles. Explícales cómo te gustaría que te calmaran a ti.
- Si alguien te dice que está mal, preocupada o que tiene un evento importante que la hace feliz, intenta estar pendiente y darle seguimiento.
- Celebra todo lo bueno que les pasa y tanto a ellas como a vuestra relación.
- Tolera y permite que el vínculo tenga altibajos.
- Agradece lo que hacen por ti y la gran relación que tenéis.

El amor y sus formas

Son muchos los libros que ofrecen pautas para mejorar las relaciones. Gary Chapman, en su best seller *Los 5 lenguajes del amor*,* hace una interesante clasificación de las maneras que tenemos de demostrar afecto. El autor nos habla de «lenguajes del amor» y señala que tendemos a mostrarnos más intensas en ciertos lenguajes que en otros. Forma parte de una categoría extraoficial del mundo de la psicología, pero me parece una guía útil. El libro se enfoca en la pareja heterosexual, pero creo que su clasificación se puede trasladar a cualquier vínculo porque el amor es universal.

Te resumo los cinco lenguajes según este autor:

1. **Palabras de afirmación.** Si eres de las que escriben tochacos diciéndole a esa persona lo importante que es para ti, o si cuando habláis tiendes a recordarle lo ma-

* Chapman, 1996.

ravillosa que es, lo guapa que está, lo bien que se le da esto o aquello... es muy probable que este sea un lenguaje importante para ti.

2. **Tiempo de calidad.** Lo que te hace sentir que estás dando amor a una persona es pasar tiempo de calidad con ella y, si no lo tienes, no sientes que sea muy importante. Si esta es la manera en la que demuestras amor, este es tu lenguaje.

3. **Regalos.** Si tiendes a acordarte de las personas a las que quieres cuando entras en un centro comercial y les llevas un regalito sin motivo, si eres de las que hacen manualidades pensando en el resto, si sueles invitar a cenar o a una actividad chula para devolver lo bien que te hacen sentir, etc., este podría ser un lenguaje relevante en la forma de expresar tu amor.

4. **Actos de servicio.** Lo que te hace ver que alguien es importante para ti es el tiempo que inviertes en hacerle favores, en cuidar de la persona. Es decir, no te importa acercarte a algún lado si te lo pide, prepararle la cena o ayudarla con un trabajo. Es más, disfrutas haciéndolo y te ofreces a menudo.

5. **Contacto físico.** Lo más relevante y lo que indica que quieres a una persona es el contacto físico que mantienes con ella. Es algo como: «Si te quiero, necesito abrazarte, besarte, achucharte, tocarte el pelo, estar cerca de ti».

¿Y si las tengo todas? Seguramente todas tenemos un poco de todas. Pero sería interesante examinar si alguno de estos lenguajes predomina en ti, y si es el mismo en la pareja, en la familia y en la amistad. Como hemos visto a lo largo del libro, cuanto más conozcas lo que te importa, mejor podrás pedirlo, poner límites o llegar a acuerdos.

Esta clasificación nos sirve como recuerdo de conductas que podemos poner en práctica para aumentar la intimidad relacional. Acertaremos si sabemos qué le gusta a la otra persona y qué espera recibir; en otras palabras, si averiguamos cuál es su lenguaje del amor. Así lo explica Gary. Por ello, otro ejercicio que podemos hacer es preguntar a nuestros seres queridos lo siguiente: «¿Cuál crees que es tu forma de expresar amor? Hay una clasificación que lo resume en cinco maneras [explicamos los cinco lenguajes del amor]. Creo que tiendes más a esto conmigo... ¿Qué crees tú?».

Si te cuesta formular las preguntas correctas para saber qué lenguaje puede ser más importante para ti o para el resto, las que vienen a continuación pueden ayudarte. En *Los 5 lenguajes del amor* se enfocan a la pareja, pero las he traducido para todos los vínculos:

- **¿Qué hace o deja de hacer que te molesta tanto?** Si lo averiguas, quizá lo contrario tenga que ver con un lenguaje del amor importante para ti. Imagina que lo que te molesta es que nunca tenga un detalle contigo (regalos) o que siempre esté diciendo lo que no le gusta de ti (palabras de afirmación).
- **¿Qué le pides con mayor frecuencia (aunque sea de manera imaginaria)?** Lo que más pedimos suele ser lo que nos gusta. ¿Pides constantemente abrazos y masajes (contacto físico) o que te hagan favores (actos de servicio)?

- **¿De qué forma sueles expresar el amor?** Por lo general, lo expresamos tal como esperamos recibirlo. Por ejemplo, a mis seres queridos les escribo mucho y les digo lo importantes que son para mí, y ese es el lenguaje que necesito para sentirme querida.

Para generar intimidad desde esta perspectiva, el quid de la cuestión está en que ambas personas conozcan sus lenguajes propios y se esfuercen en demostrarse el amor que sienten siendo conscientes de lo que es importante para ellas. Por ejemplo, mi amiga sabe que las palabras de afirmación son importantes para mí y yo sé que para ella es básico el tiempo de calidad. Yo me esfuerzo en sacar tiempo para ella, y ella en decirme cosas buenas.

Lo que no funciona

No solo tenemos que ser constantes en los actos positivos, sino también, en la medida de lo posible, en intentar no cometer aquellos que rompan nuestra conexión. No podemos estar siempre haciendo todo lo bueno ni tampoco todo lo malo. Quiero que seas consciente de lo que funciona y lo que no para que lo pongas en marcha al ritmo y medida que necesites. Recuerda:

- En vez de intentar leer la mente o que te la lean, pregunta por sus necesidades o comunica las tuyas.
- En vez de andar con rodeos e indirectas, sé clara, di lo que quieres decir.
- En vez de argumentar para defender solo tu opinión,

escucha para intentar entender lo que te dice la otra persona. Quizá aprendas por el camino.

- En vez de justificar tu conducta cada dos por tres y culpar a las demás, pregúntate qué te ha llevado hasta allí y cuál es tu parte de responsabilidad.

- En vez de criticar o dar tu opinión sobre la conducta de alguien (que no te afecta), pregúntale si le gustaría recibir el *feedback* sobre lo que hace.

- En vez de hacer malabares para que la persona te demuestre amor, pídele apoyo. Nada de eso de «Si te lo tengo que pedir, ya no lo quiero».

- En vez de dar vueltas a algo sobre lo que tienes dudas (rumiar), pregunta para que te lo aclaren.

- En vez de prometer si no puedes cumplir, sé constante y coherente en tus pequeños compromisos.

- En vez de convertir lo que alguien te cuenta en una discusión o en tu historia, aprovecha la oportunidad para entender a la persona que quieres.

- En vez de usar en su contra lo que esa persona te ha contado en la intimidad, utiliza esa información para cuidar de ella.

- En vez de perder el respeto en momentos de discusión, fuérzalo más que nunca. Convierte el respeto en tu arma más importante.

Por último, no quisiera acabar este apartado sin hablar de algo muy importante: la salud mental puede afectar a la calidad de las relaciones. El estrés prolongado o trastornos como la depresión o la ansiedad influyen en nuestra forma de relacionarnos. Por favor, revísate y cuídate. Si lo necesitas, pide ayuda. Quizá no sea que no sepas mantener tus relaciones, sino que tú o la otra persona estáis pasando por un mal momento.

¿Por qué es importante tener relaciones íntimas?

Como seres sociales, dependemos del resto. De hecho, la privación social podría llevarnos a estados psicóticos. ¿Recordáis a Tom Hanks en *Náufrago*, cuando se hace amigo de una pelota en una isla desierta? La llamó Wilson. Necesitamos a las personas o, si no, nos las inventamos.

Las buenas relaciones forman parte de la buena vida, como dirían muchos filósofos clásicos y contemporáneos (y también filósofas, especialmente feministas, que estas sí que han hablado de la importancia de los cuidados). La ciencia ha demostrado su relevancia en la mejora de muchos trastornos, a veces incluso más que el deporte. Tener relaciones de calidad es fundamental para lograr una vida de calidad. Además, las conexiones íntimas nos aportan momentos muy preciados. He recopilado muchos datos sobre el tema haciendo preguntas a mis clientes y personas queridas. Sus respuestas no tienen desperdicio:

- Puedes mantener conversaciones profundas y con sentido, no superficiales.
- Te sientes segura al compartir tus inseguridades y sueños.
- Tienes un espacio para mostrar quién eres, sin miedo.
- Te sientes entendida y vista.

- Te sientes aceptada incluso en tus malos momentos.
- Hay un apoyo mutuo para crecer.
- Conoces a esa persona y ella a ti.
- Te entiende con la mirada.
- Se celebran tus logros, tu independencia y tu autonomía.
- Estás cómoda siendo imperfecta, vulnerable, no hay que pretender ser lo que no somos.
- Puedes bromear con las experiencias pasadas, aunque sean malas.
- Es paz. Saber que la persona estará ahí para ti y tú para ella. No hay duda.
- El silencio no se vive incómodo, ni el tiempo que os dais el uno al otro es forzado.
- Te sientes agradecida. La admiración que sientes es profunda.

4

Herramientas para comunicarnos mejor

«Soy responsable de lo que digo, no de lo que entiendas». ¿Te suena esta frase? No parece una invitación a resolver un conflicto... Seguro que tampoco sienta bien oírla. Y es que la famosa cita de Frida Kahlo «Si tengo que pedirlo, ya no lo quiero» no es del todo justa. Eres responsable de hacerte entender.

Al interpretar la información que nos llega del entorno, nos influyen muchos elementos, en especial los sesgos y las distorsiones cognitivas, errores de procesamiento que todas tenemos. Habrá una parte de la comprensión del mensaje que no dependa de nosotras, sino más bien de cómo procesamos eso que oímos o leemos. Sin embargo, este hecho no nos hace impunes. Debemos saber que **somos responsables de que el mensaje llegue y llegue bien**, al menos si queremos entendernos.

Cuando nos comunicamos, sobre todo cuando discutimos, tendemos a competir, a sentirnos más fuertes que la otra persona, a intentar llevar razón o ganar la batalla. Para ello, echamos mano de estrategias agresivas y manipulativas que solemos aprender del contexto social. En el otro extremo, hay personas que evitan tanto el conflicto que prefieren no comunicarse de manera explícita y que viven en una cárcel al no defender sus necesidades o límites por miedo.

Tenemos que cambiar de objetivo. Si queremos valorar y que nos valoren en nuestras relaciones íntimas —que no tiene nada que ver con salir ganando en una discusión—, debemos deshacernos tanto de la idea de no hablar para evitar problemas como de la de hablar para competir o dañar. Tenemos que integrar la comunicación y usarla como un instrumento que nos permita colaborar, aprender, conocer a la otra persona y crecer con ella, si decidimos que merece la pena.

Este capítulo pretende ayudarte a encontrar herramientas que te permitan comunicarte mejor. Podrás detectar los sesgos y las distorsiones más comunes que se interponen en nuestros diálogos, y te ofreceré ejemplos de cómo decir muchas de las cosas que nos importan en nuestras relaciones.

SER CONSCIENTES DE LO INCONSCIENTE

No te alarmes, no te voy a hablar de experiencias traumáticas del pasado ni de nada por el estilo. Con «ser conscientes de lo inconsciente» me refiero a lo que ocurre tan rápido que no lo podemos detectar si no sabemos que existe. Dos de estos fenómenos son los sesgos y las distorsiones cognitivas. En la literatura psicológica se han clasificado muchos de ellos, pero en este apartado solo he seleccionado los más frecuentes en nuestras conversaciones íntimas.

Sesgos cognitivos

Los sesgos cognitivos son los principales responsables de que tengamos creencias irracionales e ilógicas, y de, muchas veces, interpretar la realidad de forma incorrecta. Todas las personas tenemos sesgos porque nos ahorran recursos, y eso nos facilita la vida (al menos a corto plazo). El problema es que son inconscientes, involuntarios y actúan muy rápido. Por eso, sin darnos cuenta, condicionan nuestros juicios y la toma de decisiones. Que sepas reconocer algunos te permitirá detectarlos, aunque sea *a posteriori*. Si te parece muy complicado, no te preocupes; la información te ayudará a bajarte del carro con facilidad, pues te darás cuenta de que no somos seres muy racionales, aunque pensemos que sí.*

Sesgo de disponibilidad. Creer que algo es más probable en función de lo disponible, accesible o frecuente que sea la información sobre ese suceso.

Ejemplo: Te han sido infiel. Esos recuerdos siguen ahí (accesibles), empiezas una nueva relación y crees que tu nueva pareja también te será infiel, que es muy probable que lo sea, a pesar de que no muestre indicios de ello. Este sesgo también es el responsable de que asumas sin cuestionártelo que ha sido tu hermana la que ha vuelto a dejarse la nevera abierta, en vez de tu padre, y que, por tanto, se la líes. Error, esta vez no ha sido tu hermana, pero la conclu-

* *Pensar rápido, pensar despacio*, de D. Kahneman (2012), incluye algunos de estos fallos en el pensamiento.

sión más fácil es asumir que lo ha hecho ella, ya que es lo que sucedió la última vez.

Sesgo de confirmación. Por lo general, se encuentra y se recuerda mejor la información que confirma o concuerda con las ideas u opiniones propias, y se bloquea o se rechaza la que no lo hace. Creemos lo que queremos creer.

Ejemplo: En una discusión, ¿nunca os han dicho alguna vez «Recuerdas todo lo bueno que haces, lo malo no»? Empieza a sospechar que pueden tener algo de razón. Todas somos víctimas del sesgo de confirmación.

Sesgo de autojustificación. El hecho de que alguien muestre pruebas en contra de las creencias de una persona hace que esta se aferre más a ellas.

Ejemplo: Nos cuesta aceptar nuestros errores y dar el brazo a torcer. Intentamos justificarlos con tal de no refutar nuestra idea principal. Escapa de esto, solo te protege de sentimientos desagradables como la vergüenza, pero ya sabes que son inofensivos. Si la otra persona tiene gran parte de razón, la tiene. Recuerda que son pocas las veces en las que se acierta al cien por cien.

Sesgo de retrospectiva. Cuando algo ya ha pasado, es muy fácil identificar qué se podría haber hecho para evitarlo o mejorarlo.

Ejemplo: Cuando hago terapia con dos o más personas es muy típico escuchar «Es que tendrías que haber hecho esto y esto, en vez de aquello». Y les digo: «Bueno, lo que tendría que haber hecho lo sabe ahora que se lo estás diciendo, no antes». Es muy fácil dar soluciones *a posteriori*, pero la mayoría de las veces hacemos lo que podemos con lo que tenemos. No podemos adivinar el futuro, y hay cosas que escapan a nuestro control.

Sesgo de sobreatribución. Explicar el comportamiento de las otras personas según su carácter o personalidad, sin analizar el contexto —en lo que se basa la psicología científica—. Este sesgo solo se da con las demás, porque para explicar nuestros comportamientos tendemos a hablar del contexto.

Ejemplo: Sabes que tu amiga es despistada. Hoy llega tarde a tu cumpleaños. Concluyes que se ha despistado con la hora, en vez de pensar que puede que haya habido un atasco o una emergencia familiar (es decir, que hayan influido otros factores). Sin embargo, si nosotras llegamos tarde, nos es más fácil atribuir la causa al contexto que a nuestra personalidad.

Sesgo de observación selectiva. Dirigir la atención según las expectativas propias, de modo que es más fácil observar algo que esperamos y desatender al resto de la información.

Ejemplo: El clásico es que, cuando te quedas en estado, ves embarazadas por todas partes. Pues lo mismo nos ocurre cuando pensamos que una persona es, por ejemplo, perezosa. Es muy fácil prestar atención a todos los momentos en los que se comporta de forma perezosa y hacer caso omiso a todas las veces que hace algo distinto. Y así empiezan las discusiones: «Es que nunca haces nada productivo». Cuidado, nunca hace nada productivo ¿o es tu sesgo de observación selectiva que está a pleno rendimiento?

Distorsiones cognitivas

Las distorsiones cognitivas son también errores en el procesamiento de la información que influyen en nuestros juicios y decisiones, pero estas tienen la particularidad de llevarnos a creencias disfuncionales o desadaptativas con facilidad. En otras palabras, son hábitos de pensar, una forma de organizar pensamientos que nos lleva a interpretar la información casi siempre del mismo modo. Si su contenido es negativo, afecta a nuestra salud mental.

Dentro de su complejidad, las distorsiones cognitivas son más fáciles de detectar que los sesgos, porque se genera una extensa narrativa alrededor de ellas. Una vez que sepas identificarlas, podrás gestionarlas mucho mejor.

Inferencia arbitraria. Extraer conclusiones de manera aleatoria o con evidencia insuficiente. En un lenguaje popular, sería concluir por la cara.

Ejemplos: «Qué raro me ha respondido, seguro que me está mintiendo», «Todavía no me ha escrito, seguro que está hablando con la compañera del trabajo esa». Si la inferencia arbitraria es un hábito muy común en ti, cuestiónate si tienes pruebas suficientes antes de sacar conclusiones y actuar según ellas.

Generalización. Extraer y asumir una regla basada en una experiencia o en varias.

Ejemplos: «Una vez le pedí un favor y me dijo que no. Si le vuelvo a preguntar, pasará lo mismo», «Intenté hablar una vez con ella y no salió bien. No voy a intentarlo más, no va a cambiar». Puede que sí o puede que no, y la única manera de saberlo es comprobándolo.

Razonamiento emocional. Tendencia a creer que las emociones confirman los pensamientos, es decir, que las cosas son ciertas o falsas según cómo nos sentimos.

Ejemplos: «Siento que algo va mal entre nosotras. Seguro que me está engañando». Y como lo siento, asumo que es verdad, aunque no tengo pruebas. Se parece a esos días en que asumimos que algo malo va a pasar porque nos sentimos raras (aunque luego no pasa nada). La emoción nos dice si estamos bien o no, pero no tiene poder predictivo.

Personalización. Atribuir a cualquier suceso una causa personal. Suele darse en los acontecimientos desagradables.

Ejemplos: «Está muy seria, seguro que le ha sentado mal algo de lo que he dicho». Si eres de las que tienden a no preguntar cuando creen que algo va mal porque se echan la culpa, aquí tienes un buen motivo para empezar a hacerlo. Puede que estés personalizando todo el rato.

Pensamiento dicotómico. Razonar de forma extremista: o es una cosa o es la otra, o es blanco o es negro, sin grises.

Ejemplos: «Si me quisiera, me hablaría todos los días (si no, nada)», «O lo haces ya o no lo hagas». Concluir así puede ser muy peligroso para una relación; el pensamiento dicotómico deja pocas opciones a la otra persona. Está muy presente en la narrativa que se basa en la manipulación.

Lectura de pensamiento. Asumir que la gente es capaz de leernos la mente y de saber cuáles son nuestras necesidades y pensamientos sin que se los comuniquemos.

Ejemplos: «Eso no se lo voy a decir yo. Lo tiene que saber, que para eso es mi amiga», «Yo no le digo nada, yo observo. Si me quiere dar un beso, que me lo dé. Y, si no, pues nada, pero ya sacaré mis conclusiones». No es difícil adivinar que esta posición cognitiva no suele traer nada bueno. Siento decirte que las adivinas y los adivinos no existen.

Como ves, el sistema de razonamiento nos puede engañar de muchas maneras. Mejor dicho, la forma en la que nos relacionamos con nuestros pensamientos a veces no es eficaz a largo plazo. Cuando nos damos cuenta de que esto ocurre de forma irremediable, en la medida de lo posible somos responsables de detectar estos errores o, al menos, de poner en tela de juicio nuestro razonamiento de vez en cuando. La autocrítica sin excesos es fundamental para comunicarnos de forma efectiva, entre otros aspectos.

¿HABLAR DE TODO O NO HABLAR DE NADA?

Mucha gente cree que comunicarse bien es hablar mucho, decirlo todo, todo y todo. Otras personas piensan que muchas cosas —pero muchas, muchas y muchas— es mejor no hablarlas. En psicología, lo normal es que los extremos no sean buenos. En la comunicación también se busca un equilibrio, un balance entre lo necesario y lo prescindible. ¿Cómo encontrarlo? Te propongo las siguientes claves:

Si **tiendes a hablar de más**, pregúntate:

- ¿Quiero compartir esta información para calmar mis emociones o pretendo resolver un problema que añade valor a la relación?
- ¿He trabajado este pensamiento o emoción para comunicarlo de forma clara y efectiva, o me muevo por impulsos?
- ¿Estoy confundiendo la confianza con querer saber qué le ronda por la cabeza todo el tiempo?
- ¿Compartir esto supone ganar una competición imaginaria?
- ¿Decírselo puede dañar la relación, a pesar de que me calme?
- ¿Qué pretendo: convencer, calmarme, controlar, saber, mostrarme fuerte, generar celos o acercarme?
- ¿Qué emociones hay detrás de lo que quiero decir? ¿Cuáles provocará en la otra persona? ¿Para qué quiero contarlo?

Como puedes intuir, todas estas cuestiones pretenden que te plantees qué función tiene tu conducta cuando crees que compartes mucha información, pero te da la sensación de que algo no funciona. Muchas veces hablamos de más porque nuestra intención primaria es calmarnos, desahogarnos, obtener respuestas sobre algo que nos inquieta o sentirnos menos inseguras intentando jerarquizar o competir (como remarcar a tu pareja sexual que te has acostado con otras personas antes de estar con ella). A corto plazo, todas estas conductas nos sirven para estar mejor, pero a largo plazo pueden tener consecuencias negativas para la relación.

Si **tiendes a evitar hablar**, reflexiona sobre lo siguiente:

- ¿Evito dar esta información porque sé que no ayudará o no es importante o porque tengo miedo de perder la conexión?
- ¿No quiero hablar porque asumo que mi pareja no reaccionará bien? ¿Ha pasado otras veces o solo en mi imaginación? Si ha ocurrido, ¿qué es para mí no reaccionar bien?
- ¿Evito comunicarme porque creo que no sé gestionar una conversación incómoda?
- ¿No quiero contarle mucho porque creo que seré pesada? «Ya me conoce y sabe lo que siento».
- ¿No quiero contarle mucho porque creo que puedo darle cierto poder sobre mí?
- ¿Evito la comunicación porque que nos conozcamos tanto generará mucha dependencia e implicación?
- ¿No hablo porque las demás tienen que saber cómo me siento y cómo actuar sin que yo les diga nada?

Quienes evitan hablar lo hacen porque así no se enfrentan a un estímulo que no les gusta, como puede ser una conversación incómoda, las emociones desagradables de su pareja, el sentimiento de vulnerabilidad o de vergüenza, etc. A corto plazo, tiene ventajas: te sientes protegida y a salvo. No obstante, a largo plazo puede que te sientas abrumada porque nunca se respetan tus límites, no se tienen en cuenta tus opiniones o porque la conexión con las demás no llega a ser íntima y se pierde. Cuando no te comunicas con claridad, las demás imaginan. Y la gente no suele ser positiva imaginando, al contrario. La teoría de la comunicación humana de Paul Watzlawick afirma que la no comunicación no existe.*

Aunque creas que no dices nada cuando decides no hablar, el silencio también es un mensaje que, en ocasiones, genera un exceso de imaginación en el resto.

Si evitas comentar tus necesidades durante mucho tiempo, cuando alguien inicie una conversación incómoda contigo, puede que te genere aversión o lo vivas como un ataque. Tómate un tiempo para pensar si realmente está siendo agresiva o es el miedo inicial de enfrentarte a algo a lo que no estás acostumbrada. Si se trata de esto, cuantas más conversaciones incómodas tengas, menos miedo te darán.

Teniendo en cuenta tu tendencia, estas son algunas claves que te permitirán regular las conductas de exceso o defecto comunicativo:

¿Cuándo hablar? Algunas ideas:

• Cuando, si no lo haces, se vulneran tus límites o tus derechos.

* Watzlawick, Beavin y Jackson, 1971.

- Cuando te vas a arrepentir muchísimo de no haberlo dicho.
- Cuando te han herido y necesitas comunicarlo.
- Cuando lo permite la relación que mantienes con la otra persona.
- Cuando esa persona está abierta a recibir opiniones o información concreta.
- Cuando ayudas si lo dices.
- Cuando puedes conseguir que la relación mejore.
- Cuando luchas por lo que es importante para ti.

¿Cuándo no hablar o dejarlo para otro momento? Algunas ideas:

- Cuando vulnera algún límite o los derechos de esa persona.
- Cuando el impulso de hablar viene motivado por sentimientos como la venganza, la rabia o la ira.
- Cuando no conoces a la persona o la situación no es idónea para lo que quieres trasmitir.
- Cuando la persona no está preparada para recibir opiniones o información concreta.
- Cuando puede herir innecesariamente.
- Cuando hay otra alternativa mejor.
- Cuando no va a marcar una diferencia y quizá dañe.
- Cuando no responde a tu rol en la relación (por ejemplo, decirle a un adulto lo que debe hacer *vs.* decirle a tu hija de siete años cómo debe portarse).
- Cuando sabes que empeorará la situación a largo plazo.

MÁS FORMAS DE HACER PETICIONES

«Es que no sé cómo decírselo» es, sin duda, una de las frases que más dicen clientes y no clientes. Pedir de forma asertiva es una de las mejores herramientas que se pueden dar en consulta. Los esquemas son simples y los resultados de aplicarlas suelen tener éxito. Por mi experiencia en terapia, la persona bloqueada sabe qué patrón ha de seguir y la persona que lo recibe tiende a tolerar la petición, sin importar si la acepta o no.

Antes de adentrarnos en las técnicas, recuerda que es importante que te plantees si tus peticiones tienen sentido. Revisa si tus sugerencias respetan los límites y derechos de la otra parte y si no responden solo a tu intención de calmarte o son egoístas (por ejemplo, «No quiero que salga con sus amigas porque me pongo celosa»).

Técnica del sándwich

Esta técnica sugiere que, al hacer peticiones, debemos empezar y acabar mencionando algo positivo, ya sea haciendo un cumplido o comentando algo que la persona hace bien. La queja o petición se situaría entre estos dos puntos:

- **Primera capa** ☺: «Sabes que eres muy divertida y me lo paso genial contigo; ...
- **Segunda capa** ☹: ... sin embargo, quiero que sepas que la broma que me hiciste ayer delante de todo el mundo no me gustó. Por favor, no lo hagas más.

- **Tercera capa** ☺: Sé que no lo has hecho con mala intención y sé que me entiendes».

También podemos utilizarla para rechazar opiniones:

- **Primera capa** ☺: «¡Gracias por invitarme!
- **Segunda capa** ☺: Hoy no me viene bien, pero...
- **Tercera capa** ☺: ... podemos quedar otro día».

Esquema en tres pasos

De una manera más clásica o intuitiva, podemos seguir este
orden de pasos:

1. **Informa.** Dejar claro que hay un problema.
   Ejemplo: «Sofía, tengo que hablar contigo sobre el
   perro».

2. **Cuida.** Comunica que el objetivo final es mejorar la
   relación, no hacer daño a la persona. Por lo tanto,
   transmítelo de forma respetuosa.
   Ejemplo: «Lo último que querría es que nos enfa-
   dáramos. Solo pretendo hablar para que nos pongamos de acuerdo».

3. **Pide.** Sugiere una solución de forma asertiva.
   Ejemplo: «¿Qué te parece sacar al perro un día tú y
   otro yo? Es responsabilidad de las dos y creo que es
   lo más justo».

Quejas vs. peticiones

Esta técnica es un poco más elaborada que las dos anteriores y puede ser eficaz para las personas sensibles a la hora de recibir críticas.*

1. **Transforma tu queja en petición.** Asumimos que detrás de cada queja hay un deseo, un comportamiento que nos gustaría que la persona cambiase.

   Queja: «Quique, nunca me ayudas a limpiar».

   Petición-deseo: «Quique, me encantaría que me ayudaras a limpiar».

2. **Trabaja el motivo.** Busca el componente emocional y exprésalo desde tu punto de vista. Es decir, di cómo te sientes cuando expliques el motivo de tu petición. Elimina todo lenguaje que no sea asertivo. No asumas que la persona ya sabe lo que quieres.

   «¿Por qué quiero que colabore con la limpieza?»:

   Motivo en crudo: «Porque estoy agotadísima, siempre tengo que hacerlo yo. No puedo con la espalda. Además, tiene que colaborar en casa, ya es mayorcito».

   Motivo asertivo: «Últimamente me duele mucho la espalda, estoy agotada y considero que también es su responsabilidad».

---

* Es una modificación de la técnica de quejas y anhelos del psicólogo Mark Beyebach (Beyebach y de Vega, 2016).

3. **Decide cómo introducirlo.** Por ejemplo, «María, me gustaría decirte algo» o «Papá, necesito contarte...». Di el nombre (Quique) y, a continuación, el motivo. Evita introducir la frase con la palabra «pedirte»; usa «decirte» o «contarte».

4. **Si es posible, muéstrate abierta a alternativas.** «¿Cuándo te va bien?», «¿Lo decidimos juntas?» o «Si te parece. Si no, podemos llegar a un acuerdo».

5. Con todo lo anterior, **formula una petición asertiva:**

Introducción ➤ Motivo emocional ➤ Petición flexible

«Quique, últimamente me duele mucho la espalda, estoy agotada. Me encantaría que me ayudaras a limpiar, además de que creo que es tu responsabilidad. ¿Cuándo puedes echarme una mano?».

Muy diferente hubiera sido: «Me ves aquí con la espalda partida y ni siquiera te acercas a ayudarme o me preguntas qué me pasa. Me gustaría que un día me dijeras: "¡Anda! ¿Quieres que te ayude?", pero nunca sale de ti. Y eso que sabes que estoy mal...».

Para que te cueste menos ver qué es justo o no al demandar algo a alguien, en esta tabla encontrarás algunas creencias limitantes y sus alternativas:

Limitante	Lo que es justo
Tengo que devolver los favores que pido.	Puedo hacerlo si quiero, pero no es obligatorio.
Tiene que aceptar mis peticiones.	La persona siempre tiene derecho a aceptarlas o no.
Si no acepta mi petición, le caigo mal/no le importo.	Rechazar peticiones no significa rechazar a las personas.
Si pido algo, pensará que soy abusona/mala persona/mal educada.	Si mi petición es asertiva, no tiene que tomárselo así. Si se lo toma así, no depende de mí.
No tiene mérito si se lo tengo que pedir. Hay cosas que no se piden.	La gente no adivina mis necesidades, no puede leerme la mente. Debo comunicar lo que quiero.
Si le pido eso, pensará que soy tonta.	Si pido información, demuestro interés y ganas de mejorar.
Pedirle ese favor le mostrará que soy débil y le dará poder.	No pedir algo importante para mí por lo que la otra persona pueda pensar o hacer (no lo controlo) hará que me sienta peor.
Mis sentimientos siempre van por encima de los de la otra persona, tengo que defenderme a toda costa.	Debo evaluar cuál es la circunstancia de la otra persona y cómo se puede sentir cuando pienso que tengo que poner un límite. No todo vale.

EXPRESAR ALGO QUE ME HA MOLESTADO MUCHO

Todas sabemos que existen diferentes niveles de molestia. Algo nos puede molestar desde un poquito hasta muchísimo. En consecuencia, tiene sentido que las herramientas para regularnos y comunicarnos tengan que ser más elaboradas cuanto mayor sea el descontento. Por otra parte, podemos guardar disgustos del pasado que no sabemos cómo expresar y que siguen afectando de alguna manera a la relación. Para asuntos molestos presentes o lejanos, te propongo el siguiente plan de actuación:

Encuentra tiempo para pensar sobre lo que no te ha gustado. Si crees que lo que te molesta es grave, debes pensar sobre ello para ver qué quieres hacer al respecto y cómo lo harás. Escribe lo que ha pasado para empezar la reflexión. Si piensas que el asunto es complejo, espera un día o dos y vuelve a leer lo que has anotado. Estas son algunas preguntas que te ayudarán en el proceso de reflexión:

- ¿Por qué me molesta?
- ¿Es algo puntual o se viene repitiendo en el tiempo?
- ¿Afecta a mis valores fundamentales?
- ¿Qué parte de la responsabilidad es mía?
- ¿Cuánta responsabilidad tiene la otra persona?
- ¿Tiene que ver conmigo?
- ¿Tiene que ver con la otra persona?
- ¿Para qué quiero transmitirlo?
- ¿Cuáles son las ventajas y los inconvenientes de transmitirlo?

Identifica tus expectativas respecto al encuentro. Pregúntate cómo crees que será su reacción, cómo te gustaría que fuera, si quieres pedirle algo o solo que te escuche, por qué es importante, cuán realistas crees que son tus expectativas del uno al diez, etc. En definitiva, piensa qué esperas de esa persona, del encuentro, y por qué crees que lo esperas de ese modo. A veces creemos que reaccionarán muy mal y vamos con actitud defensiva, o de forma idílica, y nos estrellamos cuando empezamos a hablar.

Vuelve a escribir lo que quieres expresar. Llega el momento de plasmar tu reflexión de forma ordenada. Para ello, puedes escribir una carta. Este es un buen medio para describir todo lo que quieres decir de forma lógica y asertiva, ya que puedes leerla en voz alta y comprobar si el mensaje que llega es apropiado o no. También permite que otras personas puedan revisar el contenido y dar su opinión al respecto. Si no quieres, no tienes que entregársela o leérsela, es más bien la herramienta para organizar lo que necesitas comunicar y asegurarte de que el mensaje llegará con claridad. En el apartado anterior tienes ejemplos de cómo hacer peticiones que te pueden ayudar a escribir la carta.

Encuentra el momento para leerle la carta o para hablar sobre lo que has escrito. Ya tienes claro lo que te ha molestado, lo que necesitas, las expectativas rebajadas y un discurso ordenado escrito que parece ser asertivo. Si la carta no es larga y la puedes recordar, no es necesario que la leas si no quieres. Si es larga, te animo a leerla. Es algo inusual y suele provocar que la otra persona preste especial atención en ese momento.

En general, la experiencia es muy positiva. Te sugiero que encuentres un momento íntimo, sin prisas, para mostrarle y explicarle que has elaborado una carta con la intención de entenderos de la mejor manera posible. Si no sabes cómo proponérselo, encontrarás ejemplos verbales cuando te hable de cómo iniciar conversaciones incómodas.

Para asegurarte de que tu carta tenga éxito, recuerda:

- Es preferible que la carta trate sobre un solo tema. Mezclar distintos asuntos graves que te hayan molestado puede ser difícil tanto para ti como para la otra persona.
- Debe centrarse en lo que quieres que haga la otra persona, no limitarse a reprochar. El reproche señala, la petición mueve. Un ejemplo de petición sería: «Me gustaría que hicieras... más veces, en vez de...».
- Habla desde el yo y evita los términos absolutos. En vez de «No contestarme durante días significa que no me valoras nada», di «Me he sentido poco valorada porque no me has contestado durante días».
- Sé concreta. En vez de «Te noto muy distante cuando llegas a casa» es mejor «Cuando llegas a casa, no saludas y te metes en tu cuarto, te noto distante».

Por último, quiero recordarte que puedes ir a consulta para gestionar asuntos como este de una manera más fácil y seguramente más analítica. Por experiencia, escribir cartas y analizarlas antes de comunicarlas es un ejercicio que mis clientes disfrutan y agradecen mucho. Además, revelan que se aprende de las preguntas que se plantean en el proceso, muchas de las cuales he dejado escritas. Como ves, no solo se va a la psicóloga por motivos patológicos. Mucha gente viene para que la ayudemos a comunicarse sin herir a quienes la rodean.

GESTIONAR ALGO QUE HE HECHO Y HA MOLESTADO

Según el psicólogo John Gottman, se requieren al menos cinco elogios para compensar el efecto de una crítica.* Las críticas afectan mucho y a veces es difícil gestionarlas, es normal. Tendemos a recibir más críticas que elogios, y encima estas suelen ser más precisas, al contrario que los elogios, que por lo general son más generales. Esto cansa. Es así porque la crítica tiene una función adaptativa. Centrarnos en lo que no funciona nos protege y tiene un valor más fuerte para nuestra supervivencia que comunicar lo que va bien.

Por lo tanto, primero debemos asumir que no podemos evitar las críticas a nuestra conducta y que quizá recibamos más que elogios. Sabemos que no se puede contentar a todo el mundo, además de que siempre erramos. Mi tío, al que quiero mucho, decía: «Con cincuenta y cinco años me van a decir lo que tengo que hacer o no». Y yo le respondía: «¿Hay una edad en la que solo tengamos derecho a recibir elogios y nunca críticas?».

Si eres responsable de un comportamiento que ha sentado mal, tendrás que asumirlo, ya tengas veintiún años o seten-

* Gottman, 2014.

ta y cuatro. Luego entendí que lo que pedía mi tío era empatía por parte de la gente. Pero ¿cómo podía saberlo? Eso no fue lo que expresó con sus palabras.

Si tienes dudas, antes de asumir o negar esa responsabilidad, pide un tiempo. «OK, lo entiendo. Déjame que piense sobre esto y te conteste de la mejor manera posible». Para analizar la situación, aquí tienes algunos ejemplos de diferenciación de responsabilidad:

- No es culpa tuya que a tu novio le moleste que salgas con tus amistades. Sería tu responsabilidad si hubieras quedado con él y cancelases el plan en el último momento para irte con ellas.
- No es culpa tuya que a tu madre se le caiga el móvil porque estás haciendo ruido. Podría ser tu responsabilidad si, al ir distraída, se lo hubieses tirado.
- No es culpa tuya si tu amiga toma una decisión basada en un consejo que le diste y le sale mal. Sería tu responsabilidad si le hubieses pedido que te recogiera y, como no estabas atenta al móvil, hubiera tenido que esperarte media hora.

Si lo que ha molestado a la otra persona es culpa tuya, por favor, asúmela. La culpa es un sentimiento que nos lleva a comportarnos de una manera determinada para reparar un daño que no hemos querido hacer. Aunque popularmente se ha calificado la culpa como una emoción mala, no lo es si actuamos según lo que nos dice. No quiere que te machaques, quiere que actúes.

Si no es culpa tuya y crees que la otra persona no tiene

razón, comunícalo de manera asertiva. No se trata de iniciar una discusión. Escucha lo que te tiene que decir y mantén la calma. Aprovecha la ocasión para observar, sin actuar, cómo responde tu cuerpo a la crítica: ¿dejas de escuchar?, ¿intentas contraatacar?, ¿asumes todo lo que te dice?, ¿quieres salir corriendo?, ¿estás triste?, ¿te sientes distante?, ¿necesitas su perdón inmediato?, ¿necesitas tiempo o distancia?

Si asumes la responsabilidad de lo que dice la otra persona, el siguiente paso es expresarlo y cambiarlo.

- «Siento que te haya molestado. No lo hice bien. ¿Qué puedo hacer para que no vuelva a pasar?».
- «Tienes razón, lo hice mal. ¿Cómo puedo compensártelo?».
- «De acuerdo, sí. Ahora me doy cuenta y te pido perdón. No lo volveré a hacer».
- «Entiendo lo que dices, me duele haberte hecho daño y quiero arreglarlo. Me esforzaré en hacer lo que me pides.

Hemos visto cómo actuar cuando hay una parte que tiene razón y la otra no, pero ¿y si no está claro? Tenemos comportamientos que molestan, que no tienen nada que ver con faltar al respeto o romper límites impuestos, y ahí la duda sobre quién tiene razón es muy lógica.

«Quería que supieras que me duele cuando no me muestras cariño en público». Aquí, por ejemplo, se expresa un dolor desde una necesidad personal que no se cumple. A excepción de los mínimos (respeto), no podemos hacer responsable a nadie de algo que no sabe. El principio del Derecho «el desconocimiento de la ley no exime de su cumplimiento» no aplica en las necesidades individuales. Cada persona tiene sus propias leyes relacionales, y es imposible que las conozcamos todas si no nos las comunican. Por tanto, si las desconocemos, podemos hacer daño sin querer.

Cuando nos exponen una necesidad, podemos asumirla o negociarla. Dependerá del esfuerzo que suponga asumirla o de si esta es justa o si encaja con nuestros valores. En los siguientes ejemplos verás cómo gestionar las situaciones ambiguas, aquellas en las que aceptamos el daño que hemos podido haber hecho, pero también negociamos un acuerdo.

- «Lola, en esta discusión hay dos partes. La primera es que sí, es cierto que no te presté mucha atención el lunes y lo siento. La segunda es que lo que me pides es demasiado para mí. No quiero ni puedo estar hablando todo el tiempo contigo. Te pido que lo entiendas. Si quieres, podemos llegar a un acuerdo».
- «Tienes razón en..., y lo siento, no lo haré más. Pero lo que me propones no me convence. ¿Pensamos en algo con lo que estemos a gusto las dos?».
- «Estoy de acuerdo contigo. No fue justo para ti y quiero que sepas que voy a hacer todo lo posible para que no se repita. Sin embargo, no creo que sea capaz de hacer lo que me pides, todavía me cuesta. ¿Qué otra cosa te ayudaría? Yo pienso que...».

CÓMO PEDIR PERDÓN Y CÓMO DEJAR DE HACERLO

«Si es que ya le he pedido perdón... ¿Qué más quiere?».
«Mira que te he pedido perdón muchas veces. No puedo hacer más».
«Ya te pedí perdón, ¿no te vale?».

Estas son frases que escucho cuando somos tres en consulta. Por lo general la respuesta que sigue es esta: «No, no me vale. Quiero que no lo hagas más». Lo que espera oír la otra parte no es una palabra, es el compromiso de que eso que le ha herido no se repetirá. Le irrita (y con razón) que la palabra «perdón» sirva como pago que anule por completo y al instante lo que ha hecho. Es como si, al decirla, su conducta se liberara de cualquier tipo de consecuencia y, además, no tuviera derecho a hablar del tema nunca más porque ya se ha pedido perdón.

Aunque no lo parezca, pedir perdón es un acto muy responsable. El perdón verdadero —así lo llamamos popularmente— implica actos, no tanto palabras. Requiere de un compromiso. Pedir perdón es asumir el error e intentar repararlo —como mínimo—, además de no repetir la conducta que ha causado el daño.

Si has hecho algún daño, sentir culpa no es malo, es lógico. Y la mejor forma de gestionar la culpa sin castigarte es reparar el daño o asumir las consecuencias, por supuesto, si no tienen que ver con algo maquiavélico.

Qué no es pedir perdón:

- Distraer con amor: «Te quiero».

- Evitar el tema: «Sí, perdona, vamos a pasar del tema, vamos a olvidarlo».
- Minimizar el daño: «Lo siento, aunque tampoco ha sido para tanto».
- *Gaslighting*: «Te pido perdón, pero te lo estas tomando como no es».
- Hacer sentir culpable: «Sí claro, perdón, pero yo te lo dije, porque tú...».
- No asumir la responsabilidad: «Siento mucho que te sientas así».
- Justificarse: «Perdona, pero es que mis padres me trataron muy mal».

Qué es pedir perdón:

- **Validar la percepción de la persona a la que has herido.** Admite que has cometido un fallo o que has hecho daño: «Siento lo que te he hecho sufrir» es muy distinto a «Siento que hayas sufrido».
- **Comunicar tu compromiso con reparar el daño.** Intenta no volver a hacerlo o compénsalo con una conducta negociada. Puedes explicar tu comportamiento, es decir, por qué lo hiciste, pero sin justificar el error: «Siento lo que te he hecho sufrir. Estaba muy nerviosa y no era capaz de pensar. Haré lo posible para que no me vuelva a pasar. Si puedo hacer algo para compensarlo, dímelo».
- **Ejecutar el cambio y mantener el compromiso.** Sé coherente con tu disculpa, con lo que has prometido. Este último paso es el más importante.

Es posible que pedir perdón no te suponga ningún problema y que todo esto te suene muy obvio porque ya lo sabes y lo haces, pero, si estás leyendo este libro, también cabe la posibilidad de que te encuentres en el otro extremo y de que no puedas parar de pedir perdón por todo. Si es así, aquí te ofrezco varias opciones para que te comuniques de otra forma. Disculparte cada dos por tres es muy atractivo para las personas que abusan de los límites de las demás. Así, cambiar tu narrativa te ayudará a reafirmarte en tus derechos, lo que protegerá la relación y, sobre todo, el concepto de ti misma. La imagen que proyectes será más segura y tu comunicación será más efectiva.

En vez de decir...	Di...
«Perdón por hablar tanto».	«Necesitaba desahogarme, gracias por escucharme».
«Perdón por ser tan sensible».	«Gracias por sostenerme en este momento tan intenso para mí».
«Perdón por ser una carga».	«Te agradezco muchísimo todo lo que estás haciendo por mí estos días».
«Perdón por llegar tarde. Había atasco».	«Gracias por esperarme, me fue imposible evitar el atasco».
«Perdona por tardar en responder».	«He estado sin conexión. Gracias por ser paciente conmigo».
«Perdona por equivocarme».	«Avanzo como puedo, gracias por creer en mí».
«No pasa nada, no te preocupes».	«Te lo agradezco», «Lo aprecio» o «Acepto tus disculpas».

DISCUTIR, PERO DISCUTIR MEJOR

Cuando pregunto en consulta a familiares o parejas qué quieren conseguir al venir aquí, muchas veces responden: «Dejar de discutir». Me parece una demanda muy coherente. Las discusiones pueden ser fruto de malestar y, si no las gestionamos bien, nos comportamos de manera muy diferente a lo que queremos ser. Este comportamiento puede herir a la persona que queremos e incluso a nosotras mismas. Después de una mala discusión, lo normal es que la culpa nos invada y, al mismo tiempo, queramos defender lo que pensamos. Sentimos lejanía y ganas de conectar al mismo tiempo. Son sentimientos y pensamientos contradictorios. Discutir mal es muy desagradable, y es normal que vayamos a consulta queriendo acabar con ello. Ojalá pudiéramos.

Como terapeutas, uno de nuestros deberes es establecer objetivos realistas y alcanzables, no jugar con la ilusión de las personas. Por eso les digo, tal y como pasaba con las emociones, que no discutir es imposible. En una relación, sobre todo si es cercana, el conflicto surgirá y, por tanto, se discute.

**Discutir o debatir no tiene por qué ser malo.
Es más, muchas veces es necesario para entenderse.**

Me atrevo a decir que algo va mal si en una relación no se discute. Si se está de acuerdo en todo, probablemente una de las partes esté casi siempre cediendo (o existe eso del alma gemela).

Discutir no es malo. El problema es que, cuando nos peleamos con alguien a quien queremos mucho, los sentimientos suelen ser más intensos y, por tanto, más difíciles de gestionar. Nos importa que esa persona no piense como nosotras porque compartimos vida; nos importa que no nos entienda porque queremos sentirnos validadas, arropadas, defendidas por ella, y no todo lo contrario. El enfado, la decepción, la angustia, es mayor. Tanto es así que a veces las emociones nos secuestran y llegamos a hacer lo que no queremos. El psicólogo investigador John Gottman decía que en las relaciones que acababan había cuatro conductas que se repetían, lo que él llamó los «cuatro jinetes». Los describo a continuación.* Gottman estudió a las parejas, pero apuesto a que los cuatro jinetes afectan de forma muy similar a cualquier tipo de relación.

Debemos evitar lo siguiente en nuestras discusiones:

- **Criticar de forma destructiva** (atacar a la persona): «Te cuesta trabajito, ¿eh? No eres capaz de escribirme ni un "¡Hola! ¿Cómo estás?" en todo el día».
«¿Otra vez con lo mismo? Qué pesada».
«Siempre igual. ¿Para qué vas a ayudar? Eres una desagradecida».
- **Despreciar** (ridiculizar, hacer sentir a la otra persona que hay un problema con ella, insinuar que la ves inferior a ti):
«¿Eres cortita o qué?».
«Me avergüenza que hagas eso delante de la gente. Yo jamás haría eso».

* Gottman y Silver, 2012.

«Hombre, un poco payasilla sí que eres cuando estás con los chicos».
- **Reaccionar a la defensiva** (ante las críticas, atacar en vez de razonar):
  «Ya, claro, pero si te dije eso fue porque me tenías harta de...».
  «¿Y tú? ¿Tú cuándo me escuchas a mí?».
  «Pues no haberme manchado la camiseta. Controla lo que haces con mis cosas».
- **Evadir** (en momentos de conflicto, mostrar indiferencia, ignorar a la persona o retirarse sin acuerdo asertivo alguno):
  No es lo mismo decir «Paso de tus tonterías, me voy» que «Oye, así no podemos seguir hablando. Lo dejamos para luego».

Como ves, todos estos comportamientos son irresponsables a nivel afectivo. En concreto, la admiración y el respeto se ven amenazados en todos estos casos. ¿Recuerdas los mínimos? Si te das cuenta de que esto te ocurre de manera sistemática con alguno de tus seres queridos, aquí encontrarás algunos pasos para discutir mejor. Si es la otra persona la que se comporta así, deberás marcar límites. Esta guía te puede ayudar a decirle lo que no funciona en vuestras discusiones y a proponer otros caminos. Si a pesar de ello la persona sigue faltándote al respeto y no cambia, plantéate si es la clase de relación que quieres.

Veamos ahora las actitudes para tener mejores discusiones:

- **Tú y yo *vs*. el problema.** Si vemos a la otra persona como una enemiga, las palabras serán armas arrojadizas. La actitud contraria es considerar que sois un equipo en contra de un problema. «Vamos a arreglar esto que nos aleja» en vez de «Tú tienes el problema, yo estoy bien».

- **No evitar temas incómodos.** Si callamos constantemente lo que nos molesta, acumularemos un montón de experiencias negativas irresueltas que estallarán de forma desorganizada cuando no podamos más. Tan importante es no saltar a la mínima como no comunicar lo que nos duele.

- **El 1 por ciento de razón.** Tu versión es importante, pero será más fácil que te entiendas con la otra persona si reconoces la parte de razón que tiene. Comunica (como mínimo) ese 1 por ciento de razón.

- **Duda de tu memoria.** Puede que hayas dicho eso, puede que haya pasado eso. La memoria es selectiva y traicionera. Olvidamos lo que no nos interesa y nuestros recuerdos suelen modificarse. Pon en duda tu memoria antes de que te invada el enfado.

- **Habla de hechos, no de juicios.** Un hecho es decir lo que ha pasado sin connotaciones: «Las últimas tres veces que te pedí que hicieras la cama me dijiste que no, y eso me molesta, es tu responsabilidad». Un juicio sería haber dicho: «Nunca haces la cama. Odias que te pida algo, eres muy egoísta». Para formular hechos en vez de juicios utiliza el siguiente truco: «Cuando tú _____, yo me siento _____ ».

- **Tiempo fuera.** Si el corazón te va muy rápido y tienes

muchas ganas de gritar, interpreta esa señal para parar y retomarlo después. Reconoce la ira o la rabia y dale su espacio, pero a solas. Tienes que ser muy experta en regulación emocional para no decir algo que moleste en un momento de enfado intenso. Habla cuando estés calmada.

- **¿Aporta o daña?** Si sabes que lo que vas a decir herirá a la persona y no aportará valor a la relación, es simple: no lo digas. El **respeto** es señal de amor.
- **Prevenir.** Muchas discusiones empiezan porque alguien nos cuenta un problema y no sabemos cómo actuar. Un truco para asegurarnos de qué hacer en ese momento es el siguiente: «Gracias por contármelo. ¿Crees que necesitas soluciones por mi parte o más bien sentirte escuchada?».

El «pero» en las discusiones

El uso del «pero» es muy útil para poner límites. Establece una distancia y marca una línea de lo que no se debe hacer. Sin embargo, la palabra «pero» tiene el poder de negar todo lo que se ha dicho antes, aunque no sea lo que intentamos transmitir a la otra persona. Hemos asociado que, después de un «pero», por lo general viene un mensaje negativo. Tanto es así que muchas personas dejan de escuchar y ponen los ojos en blanco cuando oyen un «peeeero...». En una discusión o situación donde hay mucha tensión, esta palabra suele avivar la llama. Para prevenir esto, te propongo dos cambios:

- Reemplaza el PERO por Y: «A veces me das cariño, ~~pero~~ y me gustaría que eso pasara más...».
- Otra opción quizá menos potente sin reemplazar el «pero» es mencionar lo malo y después lo bueno. ~~«Gracias por invitarme, pero no puedo, tengo que trabajar»~~, «No puedo, tengo que trabajar. Pero gracias por invitarme, me hubiera encantado ir».

¿QUÉ PUEDO DECIR CUANDO QUIERA...?

Muchas de las frases que vienen a continuación pueden parecernos artificiales, raras, ya que no estamos acostumbradas a decirlas ni a escucharlas. Merece la pena cambiar nuestra forma de expresarnos si ganamos la tranquilidad de estar haciendo las cosas bien, de respetar a la otra persona. ¿Cómo podemos usarlas, si nos hemos habituado a escuchar cosas horribles y a sentirlas como naturales? Algo va mal. No obstante, te invito a cambiar y a acomodar estas frases a tu estilo. No debes copiarlas. Adáptalas o inspírate en ellas para decir lo que quieres a tu manera.

- **Expresar límites:**
  «Acepto que te preocupes, pero la decisión es mía».
  «Me parece bien que hubieses hecho eso en mi lugar, pero prefiero vivir mi experiencia, aunque me equivoque».
  «Ya, y quizá sea lo mejor, pero creo que tengo que hacerlo así».
  «Te agradezco que me quieras ayudar, pero tengo que gestionarlo sola».

«Entiendo tu postura, pero lo que yo quiero es eso».

«Vale, sí, gracias, pero tengo que pensarlo».

«Es mejor que me dejes reflexionarlo».

«Los comentarios de ese estilo son muy dolorosos para mí. Por favor, deja de hacerlos».

«Si haces otro comentario así, tendremos que zanjar la conversación».

«Que me toques así no me hace sentir bien, así que respétame y no lo vuelvas a hacer».

«Me empieza a molestar que hagas esto así. Te agradecería un montón que la próxima vez lo hagas como te expliqué».

«Gracias por preguntar, pero no me apetece hablar de eso».

«Necesito tiempo antes de responderte».

«Preferiría continuar esta conversación en persona».

- **Responder a alguien que me falta al respeto o intenta manipularme:**

  «Te voy a dar la oportunidad de retirar lo que acabas de decir».

  «¿Puedes explicarme lo que querías decir cuando has dicho...?».

  «La historia que me estoy montando ahora mismo es que... ¿Tiene sentido?».

  «¿De verdad crees lo que acabas de decir?».

  «Quiero asegurarme de que lo he entendido bien. ¿Puedes explicarme qué quieres decir con...?».

  «Sé que estas bromeando, pero no me gusta que me hablen de esa manera».

«Acabas de cruzar la línea, eso no lo acepto».

«No es la primera vez que te digo que no me saques ese tema. No merezco que me trates así».

«No me interesa tener una conversación en la que me hablen de esa forma».

«Tu forma de hablar me está haciendo daño. Por favor, para».

«Considero que eso es una falta de respeto. Te ruego, por favor, que no lo repitas».

«No estoy bien. No me gusta cómo me estás tratando. Por favor, para».

«Me estás faltando al respeto y no me parece bien. Hablamos en otro momento».

«Puedes no estar de acuerdo conmigo, pero espero que me trates con respeto».

«Sabes que por ahí no vamos por buen camino».

«Te has pasado. Me has faltado al respeto y eso no lo aguanto».

«Espero que eso que acabas de soltar no lo pienses».

«Si me vas a hablar así, aquí se acaba la conversación».

«Prefiero terminar aquí».

«Me voy».

- **Responder a los límites de las demás:**
  «Está bien, tienes razón, no lo volveré a hacer».
  «Desde luego, lo entiendo perfectamente».
  «Respeto tus límites, quiero que lo sepas, aunque me cuesta entenderlo».
  «Ha sido muy duro escucharte, pero estoy dispuesta a darte el espacio que necesitas».

«No sabía que te hacía sentir así, no era consciente. Gracias por hacérmelo saber».

«Necesito digerirlo, pero lo aceptaré con todas las de la ley».

«Aunque me apetezca lo contrario, respeto y agradezco que me pidas ese espacio».

«Te entiendo y lo acepto. Pero necesitaré un tiempo para procesar lo que has dicho».

«Lo comprendo. Solo quiero que sepas que estoy aquí para lo que necesites».

«Vale, es difícil para mí, pero entiendo que en este momento no quieras seguir la conversación».

«Lo acepto, claro, aunque no lo comprendo y me gustaría entender el porqué. ¿Puedo seguir preguntándote?».

«Quiero entenderlo, ¿me puedes explicar más?».

«Me gustaría entender por qué no quieres que lo haga/diga/piense».

«Entiendo que quieras tomar distancia, puede que en tu situación quisiera lo mismo. ¿Cómo lo hacemos?».

«Te entiendo y te respeto. Hablamos cuando estés lista».

«Vale, no pasa nada. Te dejo todo el espacio que necesites».

- **Comunicar un cambio de opinión:**
  «He estado pensándolo y he cambiado de opinión. Me gustaría...».

  «¿Sabes qué? Lo he estado pensando y al final no me apetece...».

«Oye, es un poco embarazoso, pero ¿recuerdas que hacer aquello me parecía una chorrada, y que incluso lo critiqué? Pues ahora hasta me apetece...».

«Lo he hablado con... y me he dado cuenta de que...».

«Sé que te dije otra cosa, pero ahora me siento más cómoda con esta decisión».

«Al final he decidido que quiero hacer... en lugar de...».

«Después de..., pienso que lo mejor es...».

- **Iniciar conversaciones incómodas:**

  «Oye, ¿tienes tiempo y fuerzas para hablar de lo que pasó? Para mí es importante».

  «¿Cómo te sientes ahora? Me gustaría saber si es un buen momento para hablar de lo que ha pasado».

  «Creo que esta conversación es necesaria y nos vendrá bien. ¿Cómo podemos empezar?».

  «Me siento muy mal respecto a lo que nos pasó. Me gustaría volver a estar bien contigo y sé que para ello tenemos que hablar. ¿Cuándo tienes tiempo?».

  «Me gustaría que nos escuchásemos y que nos explicásemos lo que sentimos y necesitamos. ¿Podemos hablar?».

  «Hola, oye, creo que deberíamos hablar de esto. ¿Te va bien ahora?».

  «Estoy enfadada/triste. No quiero discutir, sino que nos comuniquemos y que busquemos una solución porque te quiero».

  «Por favor, avísame cuando quieras hablar sobre el tema. Creo que debemos aclararlo».

  «Pienso que deberíamos hablar sobre... No me siento cómoda ahora mismo.

«Si te apetece, háblame de eso. Comprenderé lo que decidas».

«Siempre habrá discusiones, pero lo importante es que nos escuchemos y entendamos nuestros puntos de vista. Podemos llegar a un punto en común... ¿Qué te parece?».

«Me duele que discutamos. Quiero saber qué te molesto y que me entiendas mejor. ¿Quieres hablar de ello ahora?».

«Me gustaría que me ayudases a pensar en cómo lidiar con...».

«Tengo algo difícil de contar que me gustaría hablar contigo. Dime cuándo podemos vernos».

«Tengo algunos temas importantes en mente y necesito unos minutos para hablar de ellos».

«Últimamente me siento mal. Perdona por decirte esto, pero me gustaría...».

- **Mostrar apoyo y admiración:**

  «Oye, me encanta que quieras hablar».

  «Eso suena muy difícil. Horrible».

  «Te creo».

  «Lo que me gusta/admiro de ti en este momento es...».

  «¿Cómo puedo ayudarte?».

  «Tienes derecho a estar enfadado».

  «Sé que estás decepcionada contigo, pero quiero que sepas que esto no va a cambiar mi opinión sobre ti».

  «Yo también estaría asustada si me hubiera pasado a mí».

  «Estoy de acuerdo contigo».

  «Siento mucho que estés pasando por esto».

«Gracias por confiar en mí. No es fácil hablar de ello».

«Es una decisión difícil, desde luego».

«Te escucho».

«Tómate tu tiempo, no tengo prisa».

«¿Que no puedes hacerlo? Pero si hiciste...».

«Me encanta tu forma de pensar».

«Si quieres desahogarte, escríbeme. Aunque no lo lea en ese momento, te responderé en cuanto pueda».

«Si no estás preparada para hablar, puedo sentarme a tu lado».

«Me das paz, tranquilidad».

«Me inspiras».

«Qué afortunada soy de tenerte en mi vida».

«Te admiro».

«Contigo el tiempo pasa muy rápido, me lo paso muy bien».

«Espero que sepas que puedes contar conmigo cuando sientas que algo no va bien».

«Quiero estar contigo durante todo el proceso».

«Estoy aquí para lo que necesites. Pienso en ti».

«Estoy contigo a muerte».

«Estoy orgullosa de ti. Eres importante».

«Creo que vas a llegar superlejos».

«Déjame darte un abrazo».

¿QUÉ HAGO BIEN EN MIS RELACIONES?

Como decía al principio de este capítulo, no solo se trata de aprender, sino que también es importante detectar lo que nos funciona, lo que hemos aprendido y a veces ponemos en marcha sin darnos cuenta. En este caso, te pido que termines la lectura con una reflexión y que anotes aquí todo lo que ya haces en tus relaciones que ayuda a mantenerlas. Puede que muchas acciones estén relacionadas con lo que hemos visto hasta ahora o quizá tengas tus propias estrategias. Si son respetuosas, tienen su merecido espacio en este hueco.

> Lo que hago y funciona con mis vínculos:

¿POR QUÉ ES IMPORTANTE REVISAR NUESTRA COMUNICACIÓN?

Siempre nos comunicamos, incluso cuando no decimos nada o no tenemos esa intención. Nuestro comportamiento manda mensajes al entorno. Sin embargo, estos pueden interpretarse de forma errónea. Por eso la comunicación efectiva (clara, asertiva) es el medio por excelencia para evitar conflictos y solucionarlos. De hecho, no se me ocurre otro más eficaz.

La psicóloga Virginia Satir señalaba que «la comunicación es a la salud personal y a las relaciones personales lo que la respiración es a la vida».* Cuidar de nuestros vínculos y de nosotras implica revisar la forma en la que nos acercamos a las demás. Es decir, examinar si la herramienta que más utilizamos funciona o no.

No cabe duda de que aprender a comunicarse facilita el desarrollo de nuestras relaciones y rebaja la intensidad del sufrimiento. Además, tiene el efecto rebote de impactar en nuestra salud mental de forma positiva. Por ejemplo, en el caso de las peticiones, aprender a poner límites y a expresar necesidades te ayudará a entender por qué lo hace el resto y a no interpretarlo como un ataque. Podrás entender las negativas como algo normal y esto tendrá un impacto positivo en la autoimagen o en el temor irracional a que te digan que no. En el sentido contrario, si nunca rechazas peticiones, quizá no entiendas por qué la gente lo hace, y te costará aceptar su derecho a decirte que no. Como ves, el efecto va más allá de las relaciones.

Como la memoria no es perfecta, la mayoría de la información de este libro la olvidarás en unos meses, retendrás lo que te haya impactado o alguna frase aleatoria, pero no lo recordarás todo. Ni yo misma lo haré si no lo reviso. Por ello, volver a leer sobre comunicación te hará conectar de nuevo con las estrategias que la engrasan. Eres libre para volver cuando lo necesites.

* Satir, 2008.

Epílogo

> Quiero poder amarte sin aferrarme, apreciarte sin juzgarte, encontrarte sin agobiarte, invitarte sin insistencia, dejarte sin culpabilidad, criticarte sin censurarte, ayudarte sin disminuirte. Si quieres concederme lo mismo, entonces realmente podremos reunirnos y ayudarnos a crecer mutuamente.
>
> VIRGINIA SATIR

Si has llegado hasta aquí, gracias. Espero que la lectura te haya aportado lo que buscabas cuando compraste el libro. Si llegó a ti de otra manera, deseo que hayas aprendido sobre a las relaciones íntimas y los comportamientos responsables en ellas.

Tal y como decía al principio, esta lectura no sustituye la terapia, y no debemos esperar cambios drásticos o inmediatos en nuestra vida al acabar la última página. En realidad, deberíamos interpretarla como un comienzo, un punto de partida para analizar si el recorrido de nuestras relaciones era el que queríamos y si nuestras estrategias nos servían. Puede ser el detonante para revisarnos, para ser conscientes de cómo nos comportamos en las relaciones íntimas. No obstante, si este paseo te ha resultado familiar porque ya pones en práctica muchas de estas conductas sanas, te invito a que esta lectura sea tu rincón para recordar todo lo que haces que funciona, y que vuelvas a ella cuando lo necesites.

Ser responsables a nivel afectivo es un reto. Es pensarse y pensar en las personas que queremos. Cuando lo somos, ponemos en marcha muchas habilidades que no nos enseñan de manera reglada y que solemos aprender a lo largo de la vida. Si tenemos la suerte de contar con un contexto que lo permita, claro. A veces, ser responsables afectivamente es un privilegio. No todas tenemos la misma suerte.

Ser empáticas, asertivas, saber validar, comunicar límites, rebajar expectativas, trabajar en los valores, regularnos a nivel emocional, reforzar la intimidad, etc., son estrategias muy útiles para vivir en sociedad, y ninguna es adquirida. Todas requieren un aprendizaje. Además, no se consolidan de la noche a la mañana ni siempre nos ofrecen los resultados que esperamos. Cuando aplicamos algunas o todas estas herramientas —que no son más que comportamientos— mostramos que nuestra intención es fortalecer el vínculo, respetar a la persona. Sin embargo, algo escapa a nuestro control: la reacción del resto. Que seamos asertivas, empáticas o que solo intentemos protegernos no nos asegura que quienes reciban el mensaje se lo tomen bien. Algunas personas no aceptarán tus límites a pesar de que los indiques de manera inofensiva, seguirán siendo agresivas a pesar de que tú no lo eres, o se negarán a negociar algo que para ti es importante. En todo caso, si tu comportamiento es responsable afectivamente, dormirás con la conciencia tranquila y habrás adquirido una información valiosa que te servirá para tomar decisiones. Recuerda que debes alejar de tu vida las relaciones que te faltan al respeto de manera sistemática.

Por suerte, la mayoría de la gente, aunque no disponga de

las herramientas que se describe en el libro, responden muy bien a los conflictos cuando se gestionan de manera sana. Y lo mejor es que suele aprender de la persona que se esfuerza en resolverlos de manera responsable. Ser un ejemplo de cómo tratar bien a las personas es uno de los mejores legados que puedes dejar en este mundo.

Un último apunte sobre la responsabilidad afectiva. Debido a la expansión del término por parte de profesionales de la psicología, parece que es una habilidad que solo se adquiere si vienes a terapia. Este libro intenta romper con esa percepción. Podemos repensarnos y cambiar nuestro comportamiento, y menos mal que es así... Desgraciadamente, no todo el mundo tiene acceso a un espacio terapéutico de calidad. Te sorprenderá que te diga que no pienso que todo el mundo deba ir a terapia. Siempre me ha parecido una frase muy paternalista. En cualquier caso, animo a acudir a quien no sepa gestionar lo que ocurre en su vida, y también dirijo este mensaje a quienes deseen venir para mejorar cualquier aspecto de su conducta, como por ejemplo el relacional. Es un espacio muy útil —del que yo también hago uso— y que pone en orden las decisiones que tomamos. Es un lugar para hablar sobre ti, sobre lo que haces, sientes, quieres..., e incluso puede ser un lugar para el nosotras, cuando sois dos o más. Debemos romper mitos en ambos sentidos: la terapia es muy útil, pero no hay nada de malo en ti si no pasas por ella. Lo relevante es que tengamos un lugar para repensarnos: un libro, un espacio terapéutico, una amiga, una madre, el mar... Nuestras decisiones siempre tendrán consecuencias en las demás personas y en nosotras mismas, y debemos respetarnos para ser conscientes de lo que podemos provocar.

Agradecimientos

Sin duda, el mayor «gracias» se lo debo a mi gran amigo Pablo Díaz Tena, por haber leído el manuscrito y haberme regalado sus miles de recomendaciones y críticas que tanto me han hecho aprender y reaprenderme. Gracias por creer siempre en mí y protegerme de la duda más cruel de la mejor forma, por ser mi sombra y mi luz acompañándome en este proyecto, ofreciéndome la guía que necesitaba. Estaré eternamente agradecida. Ha sido muy divertido y enriquecedor.

Sin embargo, son muchas las personas que han participado en este camino. Debo todo mi agradecimiento a Alba Adell por contactar conmigo y darme esta oportunidad. Gracias por confiar en mí, por tu profesionalidad, tu amabilidad y tus sugerencias tan acertadas. De igual forma, gracias a todas las profesionales que han colaborado en este libro, al sello Grijalbo de Penguin Random House y a quienes también hacen ciencia con la psicología y nos permiten divulgar con evidencias.

Gracias infinitas, sin orden de preferencia, a todas las amigas que tanto habéis aportado a este libro respondiendo a mis preguntas y colaborando con ejemplos reales que quedan reflejados a lo largo de la lectura. Gracias a la maravillosa

Elena Pérez Hita por cuidarme, por ayudarme en la redacción de los derechos asertivos y por repasar algunos escritos. Por esto último, también quiero dar las gracias a mi gran amigo José Matas por verme siempre con buenos ojos y hacérmelo llegar. Gracias a Melania Pérez (@educa.mel) y a Laura González por disfrutar de mis éxitos más que yo, y a Alba Escaño y a Estrella Segura Olmo (@psicologiaconestrella) por recordarme de lo que soy capaz. A Luis Miguel Ruiz y a Mar Sánchez por haber sido enormes testigos y soportes en ese proceso. A Darío Benítez (@dariobenitezpsicologia), Jay Prasad (@psicojay) y Sonia Ramírez (@soniaramirezpsicologia) por desearme siempre un futuro lleno de recompensas. A Sergio García (@impalavintage), que tanto tiempo ha dedicado a mis proyectos. Te debo mucho, no sé ni cuánto. Gracias a mi querido Álvaro Lanzat y a mi amado Pablo Mangas (@lamiradasexologica) por vuestras sugerencias y comentarios tan genuinos. A Aquilina Ruiz (@aquilina ruizpsicologa), Elena Alba, Sergio Campos, Manuela Crespo (@manuelacrespopsicologia) Beatriz Grande y a mi amiga más antigua, Vicky Moreno, por disfrutar de mis logros y estar siempre ahí. Os agradezco de corazón vuestra ayuda, recomendaciones y presencia. También a Pablo Romero, Pedro Ramírez, Clara Luque, María Fernández, Raquel Gómez, Carlos Rivero y Juan Muñoz (@psicologeria). Gracias a todas por ser el mayor ejemplo de que las relaciones sanas existen. A quien me esté leyendo, le recomiendo encarecidamente todas las cuentas de Instagram que he señalado.

Gracias a mis padres, a Juanqui y a Mónica y al resto de mi familia. A todas las que me apoyáis y me queréis. Cuantos más años pasan, más familiar soy y más orgullosa estoy de nosotras y de nuestro crecimiento. Mi amor por vosotras no tiene límites.

Y por último quiero dar las gracias a todas las personas que confiáis o habéis confiado en mí. A todas las que habéis pasado por consulta os debo mi aprendizaje y mucho de lo que conforma este libro y de lo que soy. A aquellas que me seguís en redes o que habéis reconocido mi trabajo en la facultad, gracias infinitas por creer en lo que hago y participar en mi motivación diaria. Os debo este libro y mis ganas de aprender y mejorar. Gracias infinitas.

Anexo 1

Los valores mínimos
en las relaciones íntimas

¿QUÉ ES EL RESPETO?

Reconocer el derecho de las personas a ser como son y tratarlas con la dignidad que se merecen. Respetar no estar de acuerdo con la forma de actuar de las demás o con sus opiniones implica aceptar que la otra persona tiene derecho a pensar o comportarse de manera igual o diferente, siempre que no viole otros derechos. Cuando humillamos, insultamos, aislamos, juzgamos a propósito, rechazamos, despreciamos, obligamos a alguien a ser quien nosotras queremos, etc., estamos atentando contra la dignidad y los derechos de una persona. Por desgracia, este tipo de conductas en las que el respeto flaquea son más frecuentes en las relaciones íntimas que en las lejanas. Todas conocemos historias de alguna familia en la que se insultan e incluso se pegan. Y de alguna que otra amistad. Y me atrevería a decir que también historias de muchas parejas en las que sucede eso. Como ves, el respeto, algo tan fundamental y necesario para que cualquier relación sea satisfactoria, es el valor más débil. Por eso debemos recordarnos que el respeto exige intencionalidad. Y esta intencionalidad debe estar presente sobre todo cuando fallamos. Cometemos errores a pesar de querer respetar a las demás. Una forma de seguir demostrando este respeto es a través de la disculpa, no solo con palabras, sino con hechos, como ya hemos dicho. Hay que señalar que el respeto incluye también que la relación sea feminista, es decir, que busque la igualdad entre los seres humanos.

¿QUÉ ES LA ADMIRACIÓN?

La admiración no debe confundirse con idolatría, devoción o adoración. Estas actitudes convierten a las personas en símbolos, casi en dioses, y las alejan de su condición humana. Admirar es un comportamiento ajustado y mesurado que implica un reconocimiento, una valoración agradable de algunas cualidades de la otra persona y de su ser en conjunto, que supedita lo malo a lo bueno. Cuando crees que alguien es perfecto, que todo lo hace bien, lo amas sin apenas conocerlo, etc., no lo admiras, lo idolatras, un acto que suele ser irracional. La admiración es necesaria en ciertas relaciones porque implica el reconocimiento de la otra persona. Forma parte de lo que nos atrae de ella, lo que hace que queramos compartir tiempo y crecer en la relación.

¿QUÉ ES LA RECIPROCIDAD?

La reciprocidad no es llevar la cuenta de lo que damos y recibimos, no es un contrato. El equilibrio continuo, aunque deseable, es imposible de conseguir. Sin embargo, podría decirse que es el intento constante de mantener el equilibrio entre lo que se da y lo que se recibe en una relación, lo que implica saber transmitir lo que es importante para ti y reconocer lo que es importante para la otra persona. La reciprocidad se trabaja, no es altruista, así que no nos vale eso de «No lo hago porque no me sale». Ser recíprocas es una decisión, no un sentimiento. Es un compromiso de cuidado mutuo entre personas que no se deben nada, y, por tanto, el agradecimiento debe estar presente.

Anexo 2

Declaración Universal
de los Derechos Humanos

Artículo 1
Todos los seres humanos nacen libres e iguales en dignidad y derechos y, dotados como están de razón y conciencia, deben comportarse fraternalmente los unos con los otros.

Artículo 2
1. Toda persona tiene todos los derechos y las libertades proclamados en esta Declaración, sin distinción alguna de raza, color, sexo, idioma, religión, opinión política o de cualquier otra índole, origen nacional o social, posición económica, nacimiento o cualquier otra condición.
2. Además, no se hará distinción alguna fundada en la condición política, jurídica o internacional del país o territorio de cuya jurisdicción dependa una persona, tanto si se trata de un país independiente como de un territorio bajo administración fiduciaria, no autónomo o sometido a cualquier otra limitación de soberanía.

Artículo 3
Todo individuo tiene derecho a la vida, a la libertad y a la seguridad de su persona.

Artículo 4
Nadie estará sometido a esclavitud ni a servidumbre. La esclavitud
y la trata de esclavos están prohibidas en todas sus formas.

Artículo 5
Nadie será sometido a torturas ni a penas o tratos crueles, inhuma-
nos o degradantes.

Artículo 6
Todo ser humano tiene derecho, en todas partes, al reconocimiento
de su personalidad jurídica.

Artículo 7
Todos son iguales ante la ley y tienen, sin distinción, derecho a igual
protección de la ley. Todos tienen derecho a igual protección contra toda discriminación que infrinja esta Declaración y contra toda
provocación a tal discriminación.

Artículo 8
Toda persona tiene derecho a un recurso efectivo ante los tribuna-
les nacionales competentes que la ampare contra actos que violen
sus derechos fundamentales reconocidos por la constitución o por
la ley.

Artículo 9
Nadie podrá ser arbitrariamente detenido, preso ni desterrado.

Artículo 10
Toda persona tiene derecho, en condiciones de plena igualdad, a
ser oída públicamente y con justicia por un tribunal independiente
e imparcial, para la determinación de sus derechos y obligaciones o
para el examen de cualquier acusación contra ella en materia penal.

Artículo 11
1. Toda persona acusada de delito tiene derecho a que se presuma su inocencia mientras no se pruebe su culpabilidad, conforme a la ley y en juicio público en el que se le hayan asegurado todas las garantías necesarias para su defensa.
2. Nadie será condenado por actos u omisiones que, en el momento de cometerse, no fueran delictivos según el Derecho nacional o internacional. Tampoco se impondrá pena más grave que la aplicable en el momento de la comisión del delito.

Artículo 12
Nadie será objeto de injerencias arbitrarias en su vida privada, su familia, su domicilio o su correspondencia, ni de ataques a su honra o a su reputación. Toda persona tiene derecho a la protección de la ley contra tales injerencias o ataques.

Artículo 13
1. Toda persona tiene derecho a circular libremente y a elegir su residencia en el territorio de un Estado.
2. Toda persona tiene derecho a salir de cualquier país, incluso del propio, y a regresar a su país.

Artículo 14
1. En caso de persecución, toda persona tiene derecho a buscar asilo, y a disfrutar de él, en cualquier país.
2. Este derecho no podrá ser invocado contra una acción judicial realmente originada por delitos comunes o por actos opuestos a los propósitos y principios de las Naciones Unidas.

Artículo 15
1. Toda persona tiene derecho a una nacionalidad.
2. A nadie se le privará arbitrariamente de su nacionalidad ni del derecho a cambiar de nacionalidad.

Artículo 16

1. Los hombres y las mujeres, a partir de la edad núbil, tienen derecho, sin restricción alguna por motivos de raza, nacionalidad o religión, a casarse y fundar una familia, y disfrutarán de iguales derechos en cuanto al matrimonio, durante el matrimonio y en caso de disolución del matrimonio.
2. Solo mediante libre y pleno consentimiento de los futuros esposos podrá contraerse el matrimonio.
3. La familia es el elemento natural y fundamental de la sociedad, y tiene derecho a la protección de la sociedad y del Estado.

Artículo 17

1. Toda persona tiene derecho a la propiedad, individual y colectivamente.
2. Nadie será privado arbitrariamente de su propiedad.

Artículo 18

Toda persona tiene derecho a la libertad de pensamiento, de conciencia y de religión; este derecho incluye la libertad de cambiar de religión o de creencia, así como la libertad de manifestar su religión o su creencia, individual y colectivamente, tanto en público como en privado, por la enseñanza, la práctica, el culto y la observancia.

Artículo 19

Todo individuo tiene derecho a la libertad de opinión y de expresión; este derecho incluye el de no ser molestado a causa de sus opiniones, el de investigar y recibir informaciones y opiniones, y el de difundirlas, sin limitación de fronteras, por cualquier medio de expresión.

Artículo 20

1. Toda persona tiene derecho a la libertad de reunión y de asociación pacíficas.
2. Nadie podrá ser obligado a pertenecer a una asociación.

Artículo 21

1. Toda persona tiene derecho a participar en el gobierno de su país, directamente o por medio de representantes libremente escogidos.
2. Toda persona tiene el derecho de acceso, en condiciones de igualdad, a las funciones públicas de su país.
3. La voluntad del pueblo es la base de la autoridad del poder público; esta voluntad se expresará mediante elecciones auténticas que habrán de celebrarse periódicamente, por sufragio universal e igual, y por voto secreto u otro procedimiento equivalente que garantice la libertad del voto.

Artículo 22

Toda persona, como miembro de la sociedad, tiene derecho a la seguridad social y a obtener, mediante el esfuerzo nacional y la cooperación internacional, habida cuenta de la organización y los recursos de cada Estado, la satisfacción de los derechos económicos, sociales y culturales indispensables a su dignidad y al libre desarrollo de su personalidad.

Artículo 23

1. Toda persona tiene derecho al trabajo, a la libre elección de su trabajo, a condiciones equitativas y satisfactorias de trabajo y a la protección contra el desempleo.
2. Toda persona tiene derecho, sin discriminación alguna, a igual salario por trabajo igual.
3. Toda persona que trabaja tiene derecho a una remuneración equitativa y satisfactoria que le asegure, así como a su fami-

lia, una existencia conforme a la dignidad humana y que será completada, en caso necesario, por cualesquiera otros medios de protección social.

4. Toda persona tiene derecho a fundar sindicatos y a sindicarse para la defensa de sus intereses.

Artículo 24

Toda persona tiene derecho al descanso, al disfrute del tiempo libre, a una limitación razonable de la duración del trabajo y a vacaciones periódicas pagadas.

Artículo 25

1. Toda persona tiene derecho a un nivel de vida adecuado que le asegure, así como a su familia, la salud y el bienestar, y en especial la alimentación, el vestido, la vivienda, la asistencia médica y los servicios sociales necesarios; tiene asimismo derecho a los seguros en caso de desempleo, enfermedad, invalidez, viudez, vejez u otros casos de pérdida de sus medios de subsistencia por circunstancias independientes de su voluntad.

2. La maternidad y la infancia tienen derecho a cuidados y asistencia especiales. Todos los niños, nacidos de matrimonio o fuera de matrimonio, tienen derecho a igual protección social.

Artículo 26

1. Toda persona tiene derecho a la educación. La educación debe ser gratuita, al menos en lo concerniente a la instrucción elemental y fundamental. La instrucción elemental será obligatoria. La instrucción técnica y profesional habrá de ser generalizada; el acceso a los estudios superiores será igual para todos, en función de los méritos respectivos.

2. La educación tendrá por objeto el pleno desarrollo de la

personalidad humana y el fortalecimiento del respeto a los derechos humanos y a las libertades fundamentales; favorecerá la comprensión, la tolerancia y la amistad entre todas las naciones y todos los grupos étnicos o religiosos, y promoverá el desarrollo de las actividades de las Naciones Unidas para el mantenimiento de la paz.

3. Los padres tendrán derecho preferente a escoger el tipo de educación que habrá de darse a sus hijos.

Artículo 27

1. Toda persona tiene derecho a tomar parte libremente en la vida cultural de la comunidad, a gozar de las artes y a participar en el progreso científico y en los beneficios que de él resulten.

2. Toda persona tiene derecho a la protección de los intereses morales y materiales que le correspondan por razón de las producciones científicas, literarias o artísticas de que sea autora.

Artículo 28

Toda persona tiene derecho a que se establezca un orden social e internacional en el que los derechos y libertades proclamados en esta Declaración se hagan plenamente efectivos.

Artículo 29

1. Toda persona tiene deberes respecto a la comunidad, puesto que solo en ella puede desarrollar libre y plenamente su personalidad.

2. En el ejercicio de sus derechos y en el disfrute de sus libertades, toda persona estará solamente sujeta a las limitaciones establecidas por la ley con el único fin de asegurar el reconocimiento y el respeto de los derechos y libertades de los demás, y de satisfacer las justas exigencias de la moral,

del orden público y del bienestar general en una sociedad democrática.

3. Estos derechos y libertades no podrán, en ningún caso, ser ejercidos en oposición a los propósitos y principios de las Naciones Unidas.

Artículo 30

Nada en esta Declaración podrá interpretarse en el sentido de que confiere derecho alguno al Estado, a un grupo o a una persona, para emprender y desarrollar actividades o realizar actos tendientes a la supresión de cualquiera de los derechos y libertades proclamados en esta Declaración.

Anexo 3

Derechos sexuales y reproductivos

Fondo de Población de las Naciones Unidas (UNFPA)

Derechos sexuales
- Derecho a fortalecer la autonomía y la autoestima en el ejercicio de la sexualidad.
- Derecho a explorar y a disfrutar de una vida sexual placentera.
- Derecho a elegir las parejas sexuales.
- Derecho a vivir la sexualidad sin ningún tipo de violencia.
- Derecho a tener relaciones sexuales consensuadas.
- Derecho a decidir libre y autónomamente cuándo y con quién se inicia la vida sexual.
- Derecho a decidir sobre la unión con otras personas.
- Derecho a vivir y expresar libremente la orientación sexual e identidad de género.
- Derecho a la protección y prevención de infecciones de transmisión sexual o embarazos no deseados.
- Derecho a recibir información y al acceso a servicios de salud de calidad sobre todas las dimensiones de la sexualidad, sin ningún tipo de discriminación.
- Derecho a una educación integral para la sexualidad a lo largo de la vida.

Derechos reproductivos
- Derecho a tomar decisiones sobre la reproducción sin sufrir discriminación, coerción ni violencia.

- Derecho a decidir libremente si se desea o no tener hijas o hijos.
- Derecho a decidir sobre el número de hijas o hijos que se desean y el espacio de tiempo entre un embarazo y otro.
- Derecho a decidir sobre el tipo de familia que se quiere formar.
- Derecho a ejercer la maternidad con un trato equitativo en la familia, espacios de educación y trabajo.
- Derecho a una educación integral para la sexualidad a lo largo de la vida.
- Derecho a acceder a métodos de anticoncepción modernos, incluida la anticoncepción de emergencia.
- Derecho al acceso a los servicios integrales de salud y atención médica para garantizar la maternidad segura.
- Derecho a acceder a los beneficios de los avances científicos en la salud sexual y reproductiva.

Anexo 4

Herramientas gráficas emocionales

Rueda de las emociones de Wilcox

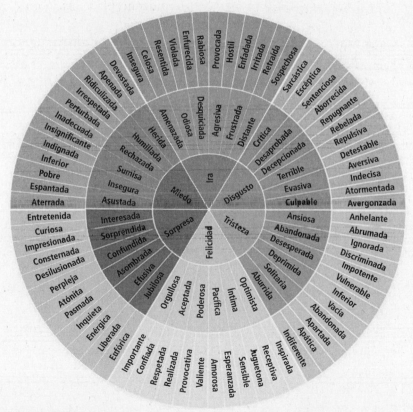

Fuente: Willcox, 1982.

Anexo 5

Derechos asertivos

Uno de los motivos por los que nos comportamos de forma pasiva o agresiva tiene que ver con mantener creencias erróneas sobre aquello a lo que tenemos derecho o no. Muchas profesionales se han puesto de acuerdo en definir nuestros derechos asertivos.

Creencia errónea: Anteponer mis necesidades es egoísta.
Tienes derecho a satisfacer tus necesidades antes de ocuparte de las de otra persona.

Creencia errónea: Cometer errores es un fracaso. Debes saber qué responder en cada ocasión.
Tienes derecho a equivocarte, a dudar, a no saber qué decir. Es válido no tener respuestas para todo.

Creencia errónea: No conseguir que las demás entiendan cómo me siento demuestra que estoy loca o que no estoy siendo razonable.
Tienes derecho a ser la única persona que legitime tus sentimientos aceptándolos aunque nos los comprendas. Expresar lo que sientes, aunque a veces sea contradictorio o confuso, no debe ser objeto de juicio.

Creencia errónea: La opinión de las demás debe ser respetada, sobre todo si es la de un cargo de autoridad. Ofrecer mi punto de vista es innecesario y poco discreto. Es mejor guardar silencio y aprender.

Tienes derecho a discrepar si no estás de acuerdo, a tener voz y opinión.

Creencia errónea: Lo normal es ser coherente y actuar consecuentemente.

Tienes derecho a cambiar de opinión y de forma de hacer las cosas.

Creencia errónea: Hay que amoldarse a las necesidades de las demás. Es de mala educación preguntar el porqué de las actitudes de la gente, es mejor ser comprensivo y flexible antes que cuestionar los motivos de las demás para hacer algo.

Tienes derecho a cuestionar las acciones de las demás si estás recibiendo un trato injusto. Puedes no aceptar ciertas situaciones y ser crítica.

Creencia errónea: Hay que ser discreta y no interrumpir a la gente. Es mejor no hacer preguntas para no parecer poco preparada.

Tienes derecho a tener dudas y pedir que te las resuelvan, aunque tengas que interrumpir a alguien de forma respetuosa.

Creencia errónea: Hay que conformarse con lo que tenemos porque siempre podría ser peor.

Tienes derecho a intentar mejorar cualquier aspecto de tu vida si lo deseas.

Creencia errónea: A la gente no le interesan mis problemas. Si se los cuento, pensarán que están perdiendo el tiempo conmigo.

Tienes derecho a expresar cómo te sientes y a pedir ayuda a tu red de apoyo.

Creencia errónea: La gente no es capaz de gestionar las emociones negativas de los otros, por eso es mejor no expresar nada cuando estas mal.
Tienes derecho a sentirte mal y expresarlo.

Creencia errónea: No debo alardear de los logros personales. Triunfar puede ser sinónimo de envidia y diana de críticas. Es mejor ser discreta y no dar demasiada importancia a las metas alcanzadas.
Tienes derecho a que tu alrededor reconozca tu trabajo cuando está bien hecho y a disfrutar de la sensación de que la gente valore tus logros. De igual forma, es sano reconocer la valía personal y hablar de habilidades concretas sin que eso se perciba como falta de humildad.

Creencia errónea: Hay que estar siempre disponible para las demás.
Tienes derecho a negarte a hacer algo, a decir «no».

Creencia errónea: No querer estar acompañada es raro. Si me muestro como una persona solitaria, la gente quizá piense que no me interesa.
Tienes derecho a necesitar momentos de soledad y espacio, a pesar de que las demás soliciten tu presencia.

Creencia errónea: Nuestros actos y sentimientos deben tener sentido, una razón.
Tienes derecho a no ser coherente siempre y a no dar explicaciones o justificarte.

Creencia errónea: Siempre hay que ayudar a solucionar los problemas de las demás.
Tienes derecho a no cargar con la responsabilidad de los problemas de otra persona.

Creencia errónea: Hay que saber qué puede necesitar alguien y empatizar con sus deseos, aunque no lleguen a demostrarlos con actos o palabras.

Tienes derecho a no ser adivina y a no anticiparte para acertar los deseos de las demás.

Creencia errónea: Todo el mundo tiene un lado bueno, y siempre hay que intentar ver esa parte.

Tienes derecho a no pasar por alto ciertas actitudes injustas.

Creencia errónea: Es de mala educación no atender las peticiones de las demás. Si alguien nos consulta algo, siempre hay que contestar.

Tienes derecho a no responder, a no saber qué decir o a no querer hacerlo.

Anexo 6

Las 36 preguntas

Estas preguntas sirven para generar intimidad, sobre todo entre personas que aún no se conocen muy bien. Lo ideal, para que tengan el efecto deseado, es que las dos personas las respondan juntas, cara a cara, a solas y con libertad de tiempo.

1. Si pudieras elegir a cualquier persona del mundo, ¿a quién invitarías a cenar hoy?
2. ¿Te gustaría ser famosa? ¿Cómo?
3. Antes de hacer una llamada telefónica, ¿ensayas lo que vas a decir? ¿Por qué?
4. ¿Cómo sería tu día perfecto?
5. ¿Cuándo fue la última vez que cantaste a solas? ¿Y para alguien?
6. ¿Qué opción escogerías: vivir hasta los cien años o tener la mente y el cuerpo de alguien de treinta para siempre?
7. ¿Tienes una corazonada acerca de cómo morirás? ¿Cuál?
8. ¿Qué tres cosas crees que tenemos en común?
9. ¿Por qué aspecto de tu vida te sientes más agradecida?
10. Si pudieras cambiar algo de cómo te educaron, ¿qué sería?
11. Durante cuatro minutos, cuéntale a alguien la historia de tu vida con todo el detalle posible.
12. Si mañana te pudieras levantar disfrutando de una habilidad o cualidad nueva, ¿cuál sería?

13. Si una bola de cristal pudiera decirte la verdad sobre ti, tu vida, el futuro o cualquier otro tema, ¿qué le preguntarías?

14. ¿Qué deseas hacer desde hace mucho tiempo? ¿Por qué no lo has hecho aún?

15. ¿Cuál es el mayor logro que has conseguido en tu vida?

16. ¿Qué actos valoras más en una amistad?

17. ¿Cuál es tu recuerdo más valioso?

18. ¿Cuál es tu recuerdo más doloroso?

19. Si supieras que dentro de un año morirás de manera repentina, ¿cambiarías algo en tu forma de vivir? ¿Por qué?

20. ¿Qué significa la amistad para ti?

21. ¿Qué importancia tienen el amor y el afecto en tu vida?

22. ¿Podrías decir cinco características positivas de mí?¿Me permites que te diga cinco positivas tuyas?

23. ¿Tu familia es cercana y cariñosa? ¿Crees que tu infancia fue más feliz que la de las demás?

24. ¿Cómo te sientes respecto a la relación con tus progenitores?

25. Di tres frases usando el pronombre «nosotras». Por ejemplo, «Nosotras estamos en esta habitación y nos sentimos,,,».

26. ¿Te atreves a completar esta frase?: «Ojalá tuviera a alguien con quien compartir...».

27. Imagina que tenemos amistad muy íntima e importante. ¿Qué sería algo importante que debería saber sobre ti? ¿Cómo me lo dirías?

28. ¿Qué es lo que nunca le dirías a alguien que acabas de conocer?

29. ¿Cuál ha sido unos de los momentos más embarazosos de tu vida?

30. ¿Cuándo fue la última vez que lloraste delante de alguien? ¿Y a solas?

31. Cuéntale algo que te guste de él o de ella.

32. ¿Hay algo que te parezca demasiado serio como para hacer bromas al respecto?

33. Si fueras a morir esta noche y no tuvieras la posibilidad de hablar con nadie, ¿qué lamentarías no haber dicho? ¿A quién? ¿Por qué no se lo has dicho aún?

34. Tu casa se incendia con todas tus posesiones dentro. Después de salvar a tus seres queridos y a tus mascotas, tienes tiempo de hacer una última incursión y rescatar un objeto. ¿Cuál escogerías? ¿Por qué?

35. ¿La muerte de qué persona de tu familia te resultaría más dolorosa? ¿Por qué?

36. Comparte un problema personal y pídele a esa persona que te cuente cómo habría actuado él o ella para solucionarlo. Pregúntale también cómo cree que te sientes respecto al problema que le has contado.

Bibliografía

LIBROS

Barraca, J., *Terapia integral de pareja. Una intervención para superar las diferencias irreconciliables*, Síntesis, 2016.

Barrett, L. F., y G. S. Barberán, *La vida secreta del cerebro*, Paidós, 2018.

Berrocal, P. F., y N. R. Díaz, *Desarrolla tu inteligencia emocional*, Kairós, 2016.

Beyebach, M., y M. H. de Vega, *200 tareas en terapia breve*, 2.ª ed., Herder, 2016.

Chapman, G., *Cinco lenguajes del amor*, Spanish House, 1996.

Damasio, A., *En busca de Spinoza. Neurobiología de la emoción y los sentimientos*, Crítica, 2011.

Duck, S. E., D. F. Hay *et al.*, *Handbook of personal relationships: Theory, research and interventions*, John Wiley & Sons, 1988.

Easton, D., y J. W. Hardy, *Ética promiscua*, Melusina, 2020.

Eid, M., y R. J. Larsen, eds., *The science of subjective well-being*, Guilford Press, 2008.

Gottman, J. M., *What predicts divorce? The relationship between marital processes and marital outcomes*, Psychology Press, 2014.

— y N. Silver, *Siete reglas de oro para vivir en pareja. Un estudio exhaustivo sobre las relaciones y la convivencia*, Debolsillo, 2012.

Gurman, A. S., J. L., Lebow y D. K. Snyder, eds., *Clinical handbook of couple therapy*, Guilford Publications, 2015.

Hayes, S. C., *Sal de tu mente, entra en tu vida*, Desclée de Brouwer, 2013.

—, K. D. Strosahl y K. G. Wilson, *Terapia de aceptación y compromiso*, Desclée de Brouwer, 2014.

Kahneman, D., *Pensar rápido, pensar despacio*, Debate, 2012.

Lev, A., y M. McKay, *Terapia de aceptación y compromiso para parejas*, Desclée de Brouwer, 2018.

Mayer-Spiess, O. C., *La asertividad: expresión de una sana autoestima*, Desclée de Brouwer, 2010.

Miguel, A. de, *Ética para Celia*. Ediciones B, 2021.

Nogueras, R., *Por qué creemos en mierdas. Cómo nos engañamos a nosotros mismos*, Kailas, 2020.

Ortega, M. A. R., y E. A. T. Suck, *Regulación emocional en la práctica clínica. Una guía para terapeutas*, Manual Moderno, 2016.

Popper, K. R., *The open society and its enemies: The spell of Plato*, vol. I, George Routledge & Sons, 1966.

Satir, V., *Ejercicios para la comunicación humana*, Pax México, 2008.

—, J. Stachowiak y H. A. Taschman, *Helping families to change*, Jason Aronson, 1994.

Watzlawick, P., H. Beavin y D. D. Jackson, *Teoría de la comunicación*, Tiempo contemporáneo, 1971.

Whitfield, C. L., *Boundaries and relationships. Knowing, protecting and enjoying the self*, Health Communications, 1993.

ARTÍCULOS

Boxó Cifuentes, J. R., *et al.*, «Teoría del reconocimiento: aportaciones a la psicoterapia», en *Revista de la Asociación Española de Neuropsiquiatría*, 33(117), 2013, pp. 67-79, <https://dx.doi.org/10.4321/S0211-57352013000100005>.

Brown, C., *et al.*, «Family relationships and the health and well-being of transgender and gender-diverse youth: A critical review», en *LGBT Health*, 7(8), 2020, pp. 407-419, <https://doi.org/10.1089/lgbt.2019.0200>.

Cabello, R., *et al.*, «Ability emotional intelligence in parents and their offspring», *Current Psychology*, 1-7, 2021.

Castillo, R., P. Fernández-Berrocal y M. A. Brackett, «Enhancing teacher effectiveness in Spain: A pilot study of the RULER approach to social and emotional learning», en *Journal of Education and Training Studies*, 1(2), 2013, pp. 263-272, <https://doi.org/10.11114/jets.v1i2.203>.

Diener, E., Oishi, S., & Lucas, R. E., «Personality, culture, and subjective well-being: Emotional and cognitive evaluations of life», *Annual review of psychology*, 54(1), 2003, pp. 403-425.

Duan, C., y C. E. Hill, «The current state of empathy research», en *Journal of Counseling Psychology*, 43(3), 1996, p. 261, <https://doi.org/10.1037/0022-0167.43.3.261>.

Dush, C. M. K., & Amato, P. R., «Consequences of relationship status and quality for subjective well-being», *Journal of Social and Personal Relationships*, 22(5), 2005, pp. 607-627.

Dutton, D. G., y A. P. Aron, «Some evidence for heightened sexual attraction under conditions of high anxiety», en *Journal of Personality and Social Psychology*, 30(4), 1974, pp. 510-517, <https://doi.org/10.1037/h0037031>.

Fondo de Población de las Naciones Unidas (UNFPA), *Derechos sexuales y reproductivos* [Infografía], <https://colombia.unfpa.org/>.

Gamble, H., y L. R. Nelson, «Sex in college relationships: The role television plays in emerging adults' sexual expectations in relationships», en *Communication Monographs*, 83(1), 2016, pp. 145-161, <https://doi.org/10.1080/03637751.2015.1049635>.

Gottman, J. M., y R. W. Levenson, «The timing of divorce: Predicting when a couple will divorce over a 14-year period», en

Journal of Marriage and Family, 62(3), 2000, pp. 737-745, <https://doi.org/10.1111/j.1741-3737.2000.00737.x>.

Greenberg, L. S., *et al.*, «Empathy», en *Psychotherapy: Theory, research, practice, training*, 38(4), 2011, p. 380, <https://doi.org/10.1037/a0022187>.

Hartup, W. W., y N. Stevens, «Friendships and adaptation in the life course», en *Psychological bulletin*, 121(3), 1997, p. 355, <https://doi.org/10.1037/0033-2909.121.3.355>.

Kashdan, T. B., L. F. Barrett y P. E. McKnight, «Unpacking emotion differentiation transforming unpleasant experience by perceiving distinctions in negativity», en *Current Directions in Psychological Science*, 24(1), 2015, pp. 10-16, <https://doi.org/10.1177/0963721414550708>.

Kircanski, K., M. D. Lieberman, y M. G. Craske, «Feelings into words: contributions of language to exposure therapy», en *Psychological Science*, 23(10), 2012, pp. 1086-1091, <https://doi.org/10.1177/0956797612443830>.

Kwok, E. L., *et al.*, «Measuring thought-control failure: sensory mechanisms and individual differences», en *Psychological Science*, 30(6), 2019, pp. 811-821, <https://doi.org/10.1177/0956797619837204>.

Lemay Jr., E. P., y R. B. Venaglia, «Relationship expectations and relationship quality», en *Review of General Psychology*, 20(1), 2016, pp. 57-70, <https://doi.org/10.1037/gpr0000066>.

López, M., «Por una pedagogía del cuidado, el acuerdo y la responsabilidad afectiva», en *LatFem Periodismo Feminista*, 8, 2019, <http://www.redalyc.org/articulo.oa?id=141163729005>.

Lu, L., & Argyle, M., «Receiving and giving support: Effects on relationships and well-being», *Counselling Psychology Quarterly*, 5(2), 1992, pp. 123-133.

Megías-Robles, A., *et al.*, «Emotionally intelligent people reappraise rather than suppress their emotions», en *PLOS ONE*, 14(8), 2019, <https://doi.org/10.1371/journal.pone.0220688>.

Rowe, J., «Great expectations: a systematic review of the literature on the role of family careers in severe mental illness, and their relationships and engagement with professionals», en *Journal of Psychiatric and Mental Health Nursing*, 19(1), 2012, pp. 70-82, <https://doi.org/10.1111/j.1365-2850.2011.01756.x>.

Ryder, R. G., y S. Bartle, «Boundaries as distance regulators in personal relationships», en *Family Process*, 30(4), 1991, pp. 393-406, <https://doi.org/10.1111/j.1545-5300.1991.00393.x>.

Thomas, P. A., H. Liu y D. Umberson, «Family Relationships and Well-Being», en *Innovation in aging*, 1(3), 2017, <https://doi.org/10.1093/geroni/igx025>.

Willcox, G., «The feeling wheel: A tool for expanding awareness of emotions and increasing spontaneity and intimacy», en *Transactional Analysis Journal*, 12(4), 1982, pp. 274-276, <https://doi.org/10.1177/036215378201200411>.

En mi web <www.desireellamas.com> encontrarás el acceso a cursos y otros medios para trabajar las emociones, la comunicación y las relaciones. En mis redes —Instagram y TikTok, @desireellamaspsicologa— hallarás recomendaciones de libros, cuentas y asociaciones. Desde cualquiera de ellas puedes contactar conmigo. Gracias.